カスタマー・ハラスメント対応術

お客様は神様じゃない

山田泰造
Yamada Taizo

経法ビジネス新書
021

はじめに

あなたは、「お客様からの理不尽なクレーム」で困ったことはありませんか。

業種・規模を問わず、お客様からの様々なクレームが頻発しています。クレームは、予期せぬ時に予期せぬことでご指摘やお叱りをいただくものです。心の準備ができていないのでパニックを起こしてしまい、大なり小なりパニックは発生します。さらに、クレームの内容が理不尽なものであれば、対応経験が豊富であっても平静を保って対応するのは難しいものです。

その時、どう対応すれば良いのかわからず、頭を痛めている企業・団体が急増しています。

私に相談してくる企業担当者の多くが、頻繁に「**病気になりそうだ**」という言葉を発するようになりました。この言葉を1日に3人の担当者から聞いたことがあります。このとき、これは只事ではなく、なんとかしないと担当者達は本当に病気になってしまうと確信しました。

要求の内容を聞いてみると、普通のお客様が上から目線で自分勝手で理不尽なことを執拗に要求してくることが共通した特徴です。

このような要求は「**カスタマー・ハラスメント**」と呼ばれています。通常のクレーム対応の仕方では、解決が困難です。

通常のクレーム対応は、誠意をもって迅速にお客様の要求に応えることが基本ですが、カスタマー・ハラスメントの場合、相手の意思に沿うように動いていたのでは収束せず、仕事に支障が出てしまいます。

「わが社はクレームはないんですよ」と胸を張っていた社長が、数日後にカスタマー・ハラスメントが発生して、謝罪のために泊まりがけで出張することになりました。このように、突然クレームが発生するケースはいくらでもあります。

まず、クレームが全くないことは考え難いことであり、これまで社員が報告をしてこなかったケースもあります。最近のクレームは、商品の交換とか返品などシンプルなものではなく、いくら丁寧に説明をしても、聞く耳を持たず理不尽な要求を繰り返してきます。対応が長期戦になってしまうことが増えているのです。

クレームへの対応を求めてくるのではなく、「社長を出せ」と言ってくるケースも多く、これもカスタマー・ハラスメントの特徴です。いちいち社長が出ていては、社長本来の仕事が成り立ちませんし、あくまでも現場の担当者レベルで解決をしなければなりません。担当社員が「私が責任を持って対応いたしますので、どうぞ私にお話しください」と言って毅然とした対応をしなければなりません。こういうケースは、クレームを言って問題の解決を図ることが目的なのではなく、トップを呼びつけて謝罪をさせたいという、本来の目的とは異なる要求になっているからです。

カスタマー・ハラスメントは威圧感が強かったり、脅迫的になったり、執拗なので、勢いに負けてしまいがちです。そこで、基本を忘れずに毅然とした対応をすることが重要であり、業務の遂行に支障をきたすことなく処理することが、会社を守るための最低要件です。

クレームの実態を知り、適切な対応の仕方を習得することが全社員に必須なのです。〝お客様は神様です〟とは言えない時代になってしまったのです。

クレーム対応策の実行に乗り遅れることは、企業にとって大きなリスクとなる時代です。社員と会社を守るために、今後の対策に今すぐ備えましょう。

山田　泰造

カスタマー・ハラスメント対応術

お客様は神様じゃない

●目次

第4章 厄介な二次クレームの発生

第1章

カスタマー・ハラスメントが大きな問題になっている

「カスハラ」という、聞き慣れない言葉が話題になってきました。

これは、「カスタマー・ハラスメント」の略称であり、カスタマー（お客様）からの理不尽な要求・嫌がらせの総称です。セクハラ、パワハラは、既に浸透して定着していますが、カスハラという言葉が浸透・定着してくるのも時間の問題でしょう。実態としては、数年前から急速な増加傾向にあり、多くの企業、団体で既に経験しているのです。

企業で働く皆さんも、話を聞けば、「ああ、あれがカスタマー・ハラスメントなのか」という事例がいくつか思い当たるでしょう。

私は、人財育成研修・営業力強化研修・接客力向上研修・性格検査などの社内研修とコンサルテーションを専門としていますが、10年ほど前から、研修依頼の95％がクレーム対応研修になっています。依頼主は、官公庁・経済団体・公益法人・企業・大学などであり、クレームと縁がない企業・団体は、もはや皆無というのが実態です。こんな業種の企業にもクレームがくるのかと驚いています。

研修依頼企業・団体での事例を見ると、頻発しているクレームのうち、カスタマー・ハラスメントの割合が圧倒的に多いことがよくわかります。

「なんで、こんなわけのわからないことを言ってくるんだろう」「話が全然通じない」「業務に著しく支障が出ている」という企業の悲痛な叫びが溢れています。

正当なクレームであれば、誠意のある謝罪と迅速で適切な処理ができれば対応は難しいものではありません。

また、悪質なクレームの場合は、怖い思いをするけれど何を言われても落ち着いて対応すること、さらに多少の刑法知識を持って、毅然とした対応ができれば特別に怖がる必要はありません。

しかし、カスタマー・ハラスメントは違います。個人的な基準で要求してきたり、鬱屈した気分の憂さ晴らしなどが多く、極めて理不尽なことを言ってきます。対応のスタンスを決めることが難しいのが大きなポイントです。

1 カスタマー・ハラスメントは、対応が難しい

本来、クレームとはこちらに非がある場合に発生します。非を詫びて誠意をもって迅速に対応することで解決できます。通常の対応が通用しないのが「カスタマー・ハラスメント」と「悪質クレーム」です。

両者の特徴と違いを見ると、悪質なクレームを言うクレーマーというのは、最初から金銭目当てで言い掛かりをつけてくる人であって、計画的で常習的なプロです。対応者が多少の法律知識を持って毅然とした対応ができれば難しいものではありません。

一方、「カスタマー・ハラスメント」は、悪質クレーマーではなく、一応お客様です。最初から、拒絶してしまうわけにもいかないところが厄介です。また、自分の価値基準に合わないことに腹を立てて、一方的で上から目線、高圧的に攻め立ててきます。

悪質クレーマーは、これ以上脅すと、刑法に引っかかるというラインを知っていますが、カスタマー・ハラスメントのお客様はプロではないので、そのあたりを知らず、とにかく謝罪・降伏させるまでごり押ししてきます。理屈ではなく、自分が満足できるま

で攻撃をしてきます。そして、こちらが謝罪をすれば解決するかと思うと、そうではありません。次々と要求を繰り出してくるケースが多く、相手の最終目的を見極めるのに時間がかかります。時間をかけても、結局何が目的だったのかわからないままというケースもあり、一番難しい対応になります。

企業や団体から寄せられるクレーム相談のほとんどが「カスタマー・ハラスメント」になってきたのが現状です。今までは、正当なクレームがほとんどで、運が悪いと悪質クレームに当たってしまうという状況だったので、なんとか対応ができました。しかし、新しいタイプのクレームが増えてきたため、その都度、クレームの本質を見極めて、適切な対応策を見つける必要性に迫られているのです。

まずここで、カスタマー・ハラスメントにおける主な特徴について説明します。

カスタマー・ハラスメントの特徴

①お客様か、過去にお客様であった人物
②要求が理不尽である
③自分の基準で主張してくる
④明らかな嫌がらせである
⑤罵詈雑言が飛び出す
⑥一方的であり、ごね得が狙い
⑦上から目線で、高圧的に説教をする
⑧過去のプライドを引きずっていて権威的
⑨威嚇・脅迫をしてくる
⑩セクハラもある
⑪暴力に及ぶこともある
⑫長時間拘束になることが多い（電話でも同じ）

⑬　聞く耳を持たず、引き下がらない
⑭　解決の糸口が見えない
⑮　最終的に金銭要求になることもある

なぜ、このようなクレーマーが増えたのでしょう。

基本的に、クレーマーになる人は、年齢や性別を問わず存在しますが、定年後の年代で、現役時代に高い地位についた方がカスタマー・ハラスメントに及ぶ傾向があるとも言われています。厳しい競争の時代を駆け抜けてきた実績と自信があるが、今はなんとなく疎外感を味わっており、周囲に存在感を示したいという思いが原動力になっているのではないかというわけです。現役時代の経験からくる自負もあり、店舗の若い従業員の仕事を見ると、指導したくなってしまうこともあるのでしょう。もちろん、学生、社会人、男性・女性を問わず、何かのきっかけにクレーマーになることは十分ありえることです。

欧米化による自己主張の気風が手伝っていることも否めません。社会・企業のなかで、個人が意見を主張できるような機会、主張しないと損をすると感じるような風潮が増えているとも言えます。

自分の立場をわきまえる自制心を持っていないと、カスタマー・ハラスメントになってしまいます。極めて自分勝手な要求で、相手の話を聞くつもりは全くなく、場合によっては脅迫や金銭的要求、暴力に及ぶこともあって、言動は悪質クレーマーと変わらないのです。

前述のように、クレーム対応は長時間を要することが多く、本来の業務遂行に支障が出てしまいます。電話でのカスタマー・ハラスメントで6時間超も拘束されてしまったケースもあり、1人のスタッフがほぼ1日、時間を奪われてしまうわけです。正当でないクレームは、対応時間が長くなるのが特徴です。こちらが説明をしても、反論して、自分勝手な主張を繰り返してくるので堂々巡りになってしまうからです。

電話対応、対面対応のいずれにしても、長時間拘束となると、被害を受けるのは対応者1人に限りません。関連スタッフの業務遂行に支障が出たり、他のお客様をお待たせすることになって、被害が拡大するケースが多く見られます。

それではここで、クレームの事例を見てみましょう。

飲食店のケース

飲食店でのクレームが頻発しています。

かつ丼とざるそばのセット定食を注文した男が、いきなり「うまくなかったからタダにしろ」と言い出して代金を踏み倒そうとしました。すでに完食しているのに、です。

店主は、困ってしまいました。タダにしたほうが、早く事態を終わらせそうですし、周りのお客様に迷惑もかからないでしょう。

しかし、味の好みは十人十色なので、同じ食事を提供しても味が濃いと思う人もいれば、逆に薄いと思う人がいるわけです。味はあくまでも好みの問題であって、うまいまずいの適正な基準などありません。

文句を言われるたびに、そのお客様に合わせて味付けを変えていたら、味を売り物にしている看板商品などなくなってしまい、商売が成り立たなくなります。百歩譲って、貸し切りでの食事ならば多少の調整は可能かもしれませんが、1人のお客様の好みに合わせて、その都度味の調整はできません。

仮に牛丼店で1人のお客様が自分の好みを主張したときに、「すみませんでした。では当店の牛丼の味付けを変えましょう」などありえない話です。「あそこの牛丼はうま

い」という評判で成り立っている店の看板を下ろさなければならなくなってしまうからです。

嫌なら、もう来なければ良いだけの話です。そもそもこの事例は、一口食べた時点でのクレームならわからなくはないとしても、完食しているのです。それで、いまさらうまくないなど、何を言ってるのと言わざるをえません。

内科医の電話によるケース

駅前で、内科を開業しているドクターの話です。

診療時間を過ぎて1時間程経過したころ、「具合が悪いので診てくれ」という電話がありました。「本日は、診療時間が終了しています」と言うと、「医者は患者を診るのが仕事だろう、ふざけんな、今から行くから待ってろよ！」と凄まれて電話が切れました。

面倒なことになったなと思いながら待っていましたが、男は現れませんでした。

思いどおりにならなくてカッとなって言ってしまったのでしょう。電話やメールでのクレームは言いたい放題になって、乱暴な言葉が使われることが多いのですが、電話の場合、名乗らなくて済みますし、相手に自分の顔が見えないので気が大きくなってしまうのです。普段、絶対言えないような言葉が飛んで出てしまうのです。これは、気が弱くて思ったことを口に出せないタイプの人間に多く見られます。

電話のクレームで、「今から行くから待ってろよ」と言われたケースでは、ほとんどが来なかったようです。

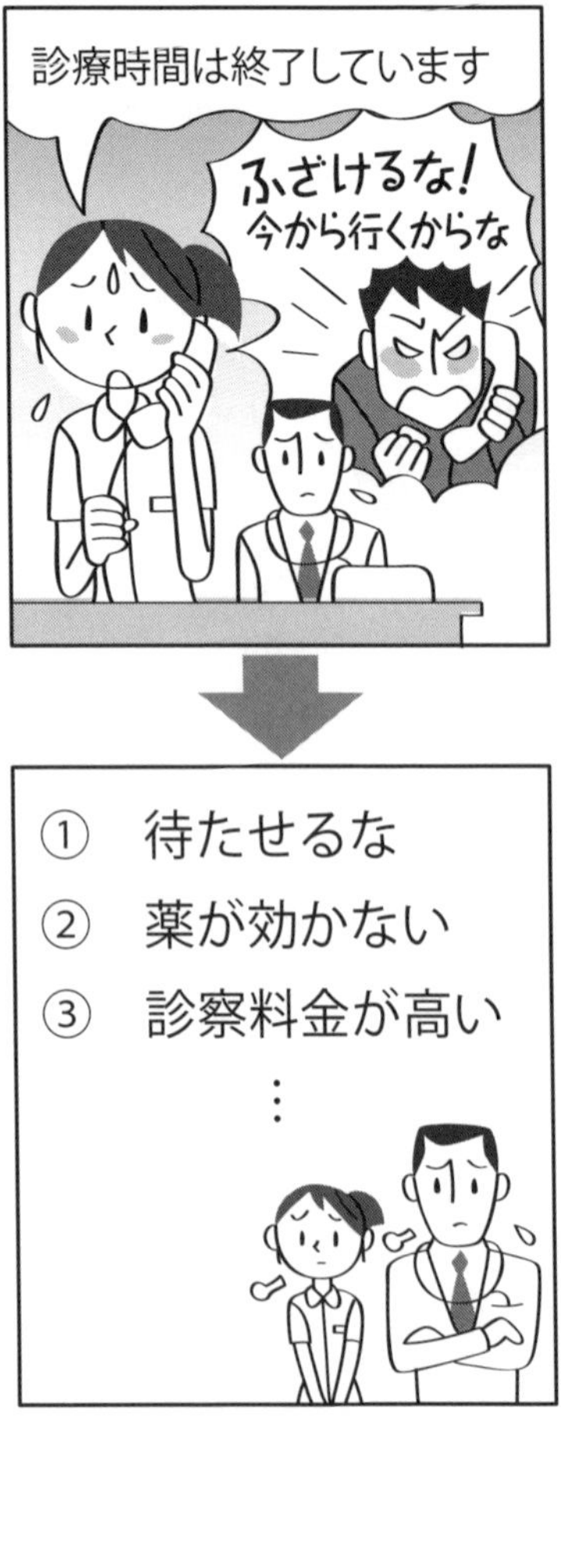

診療時間は終了しています
ふざけるな！
今から行くからな
① 待たせるな
② 薬が効かない
③ 診察料金が高い
…

その他に、病院・医療系のクレームには次のようなものがあります。

①　なんでこんなに待たせるんだ

②　薬が効かなかったから金を返せ

③　診察料金が高すぎるからタダにしろ

④　後から来た患者が先に診察を受けた

⑤　フルネームで呼ぶな

自分の思いどおりにならないと、すぐキレてしまう人が目立ちます。心が不安定になっていて、〝すぐキレちゃう症候群〟の人達が増えたなと感じています。ところで、〝すぐキレちゃう症候群〟は、私が勝手に作った言葉です。ネットで検索しても出てきませんのでご了承ください。

●証券会社のケース●

私の知り合いに、金融機関の行職員や関係者が多くいますが、彼らの口からもクレームを受けた話が頻繁に出てきます。

保険会社、証券会社、銀行、経済団体などでも、クレーム発生は日常茶飯事であり、副支店長クラスがお詫びに回っています。状況によっては支店長が訪問して、対応しているとのことです。

「一日複数回のクレームはざらですよ」との話には驚くのですが、正当なクレームと悪質クレーム、カスタマー・ハラスメントが入り混じっています。

長く取引のある顧客から突然のクレームです。何度も買っている海外物の投資信託の計算方法がおかしいというものです。6人もの管理職が入れ替わりで訪問して丁寧に説明をしたのですが、すべて聞く耳を持たず追い返されてきました。万策尽きた時、まだ挨拶に行っていなかった管理職が訪問をしました。既に訪れた6人は丁寧に説明したのですが、最後の管理職は、丁寧な説明を一切せずに「今回は私どもが悪うございました」とだけ言ったのです。

一瞬呆気にとられた相手は、「…最初からそう言えばいいんだよ」と言い、一件は落着しました。丁寧な説明が通用しない相手には、このような対応の仕方もあります。普通に考えて、証券会社の人間が使うセリフではないでしょうが、「本店の前で騒ぐぞ」

などというセリフを吐く相手にはぴったりの言葉だったのでしょう。

クレーム対応には基本がありますが、相手に合わせて使わないと意味がありません。このケースのように、長く取引のあるお客様でも、突然、理不尽なクレームがくるのです。ＴＰＯを考慮することと、相手のパーソナリティーに合わせたアレンジができることが極めて重要です。対人関係のなかでも高い緊張状態を強いられるクレーム対応の場面においては、臨機応変さが求められます。

2 クレームに重要なのは、まず初期対応

クレームには、初期対応が重要です。

まず、しなければならないことは、相手に冷静になってもらうことです。クレームとは、不満をぶつけて、謝罪と改善を勝ち取ることなのでテンションが高くなっています。お客様とこちらの両方がテンションの高い状態では話になりません。ですから、高くなっている相手のテンションを下げることが初めの一歩なのです。そのためには、こちらが冷静に相手を心配するスタンスで臨む姿勢を伝えます。

まず、謝罪することから始まります。私は、以前のクレーム対応研修においては、「最初から謝罪をしないように」と説明していました。最初に謝ってしまうと、相手によっては、「謝ったということは、これも大丈夫だよな」と次の無理難題を仕掛けられることがあるからです。

しかし、現在の研修では、「クレーム対応では、最初から謝罪をしましょう」と説明しています。まだ詳しいことをお聞きする前ですので、その時点で内容はわかりません

が、「あなたに何か不愉快な思いをさせてしまったようで、申し訳ございません」と限定的な謝罪をします。一旦謝罪をして、続いて「詳しいお話をお聞かせください」と続けるわけです。クレームのお客様に対応するわけですから、最初から「申し訳ございません」と丁寧な挨拶があったほうが、お客様の高いテンションを少しでもクールダウンさせることができます。

最初から謝らない人に多く見られるのは、こちらに非があるかどうかが、まだわからないので謝る必要はないというわけですが、これでは、なんで謝らないんだと火に油を注ぐことになってしまいます。冷静なやり取りをしているうちに、お客様の勘違い、思い違いが発見されることもあります。

次にすることは、お客様の話を最後まで聞くことです。途中で遮ったり、否定したりすると、今日はこれだけのことを言うぞとやってきた気合にストップを掛けてしまい、お客様のプライドを傷つけることになってしまいます。

通常の会話でも、自分が話しているのに、途中で遮られると〝イラッ〟とするものです。クレームを言っている場面で、そのようなことがあればなおさらです。そうなると、対応者への個人攻撃が始まってしまいます。今までは、商品の瑕疵、あるいは、サービスへの不満などのクレームであったものが、対応者への不満に転化してしまい、最初のクレームはどこかへ飛んで行ってしまっています。最後には「上司を連れて来い」「社長を出せ」となります。

いつの間にか、目の前の相手とその上司に謝罪をさせることが目的になっているのです。これが二次クレームの始まりです。

どんなに簡単な話でも、必ずメモを取ります。相手の話に共感を示し、自分が相手の立場だったらどうしてほしいかを考え、対応策を提案します。立場を置き替えてみるだけで、どうすればお客様の満足が得られるかが見えてきます。

初期対応の出来が、結果を大きく左右することになります。

3 「すべき対応」と「してはいけない対応」

クレーム対応には、次のような「すべき対応」と「してはいけない対応」があります。

■「すべき対応」「してはいけない対応」■

(1) クレームのタイプを見極める
(2) 要求を具体的に言わせる
(3) 責任の有無を確認する
(4) 毅然とした対応をとる
(5) 過剰対応をしない
(6) 業務に支障が出ていることを伝える
(7) クレーマーが嫌うことを実行する（ICレコーダー・防犯カメラの活用）

以下、順を追って具体的に説明しましょう。

(1) クレームのタイプを見極める

これまでにも述べてきましたが、クレームには大別して3種類があります。

① 正当なクレーム
② 悪質クレーム
③ カスタマー・ハラスメント

初期対応の第一歩は、クレームのタイプを見極めることです。これを間違えると対応を失敗してしまいます。

そこで、見極めるためには、以下のことに気をつける必要があります。

① 相手の言葉遣い
② 話し方
③ 表情・仕草などの態度

④ 服装・持ち物

ファースト・インプレッション（第一印象）の見極めが、対応の結果を左右することになります。瞬間的にほぼ間違いなく、人物像となんの目的で来たのかを見極めなければならないわけです。

しかし、経験と眼力が大きくものをいうのであって、ファースト・インプレッションを見誤ると、リカバリーは困難を極めます。大声を張り上げて、乱暴な言葉を使っているから悪質クレーマーに違いないと思うのは大変危険です。人は十人十色なので、普段から、きれいな言葉を使う人もいれば、声が大きくて荒っぽい言葉を使っている人もいるでしょう。普段からテンションが高い人もいるので、それだけで判断をしてしまうと相手の目的を見誤ってしまうので怖いのです。見た目と喋りで判断を間違って、悪質クレーマー、カスタマー・ハラスメント扱いしたら、「すみません。間違えました」ではすみません。

逆に、最近の悪質クレーマーのなかには、身なりをきちんとしてブランドものを身に着け、静かに話し始めても途中からいきなり大声を張り上げたり、脅し文句を並べ出す輩がいます。物静かな話し方だと、まさか悪質クレーマーだとは思わず、油断して言葉尻を取られて相手の思うつぼという事例は結構あります。人は見た目で相手を判断することを利用して、外見と話し方で安心させて、こちらのミスを誘う作戦なのです。

これを見抜くには高い眼力を要しますが、いずれにしても、正当なクレームと悪質クレーム、カスタマー・ハラスメントを見分けないと対応の仕方が決められません。

(2)　要求を具体的に言わせる

クレーマーのなかには、話すことが得意でない人がいます。話が回りくどくてじれったいと、何を言いたいのかわかりにくいものです。

正当なクレームなのに、悪質クレーマーに間違えられはしないだろうかと心配しながら話す人もいます。

悪質クレーマーの場合は、ストレートに言ってしまうとまずいので、遠回しでわかりにくい言い方をあえてしてきます。たとえば、小遣い銭稼ぎが目的であっても「誠意を示せ」というセリフを使います。本来、誠意と言えば、真心を意味しますが、彼らの言う誠意は、なにかしらの金銭を要求しています。実際にはしませんが、手を差し出しながら、誠意を示せということになるわけです。警察に追及されても、誠意を示せと言っただけで、金を出せと言った覚えはないと言い逃れるためです。

悪質クレーマーからではなくても、「誠意を示せ」と言われたら、文句を並べてこちらをギブアップさせた挙句に自分で判断しろという意図があり、注意が必要です。

「誠意」でギブアップしてしまうケースがとても多いのですが、良い方法があります。投げられたボールを投げ返すのです。何を言いたいのか、どうしてほしいのか、はっきりと言わせるように切り返すことです。

つまり、「誠意とは、どうすれば良いのですか?」と尋ねます。相手は言葉に詰まってしまうでしょう。言った本人も実際には具体的に考えておらず、まさか「○○円出せ」とは言えないからです。数字を出したら捕まってしまいます。言っていることが脅しであると感じたり、脅しである根拠や具体的な金額要求が確認できたら、警察に通報しましょう。

まず、クレーマーが何を言いたいのか、目的を具体的に言わせるように仕向けることが必要です。クレーム対応は、目的をはっきりと言ってもらうことから始まるのです。

(3)　責任の有無を確認する

クレームの初期対応では、発せられたクレームの根拠・事実関係を確認することが先決です。

主張の根拠が正当であると確認できたら、誠意のある謝罪と適切な対応を開始しなければなりません。つまり、明らかにこちらに非があり、提供した商品に瑕疵があったり、サービスの不手際により不愉快な思いをさせてしまった場合には、迅速なリカバリーが必要となります。返品・返金、交換、改善などを行い、今後の対応をお伝えして、ご理解・ご納得を得られるように対応します。

商品を使用したことによって、お客様が怪我をされたり、体調を崩されたなどの問題が生じる場合もあります。お見舞い、医療費の負担などの金銭的なコストが生じたり、解決への折衝に多くの日数がかかる場合もありますが、できるかぎり迅速な対応を示すことが望まれます。

一方、相手の要求が理不尽なものであったり、根拠がないものであった場合は、返品・返金、交換、改善などの通常の対応は無意味であって、対応の仕方を切り替えなければなりません。こちらに責任がなく、相手の主張に根拠がない場合は、一貫して毅然とした対応を取ることが必要です。威圧的・脅迫的な言動が多いので、力負けしないことが大切です。

カスタマー・ハラスメントや悪質クレーマーの要求に従うと、時間・経費・労力などを浪費することになり、場合によっては相手が味をしめてエンドレスになってしまうことがあります。

こちらに責任がないにも関わらず、早く解決しようと焦ると過剰対応になってしまいます。まず、責任の有無を見極めることが大事です。

(4) 毅然とした対応をとる

クレーム対応で大事なことは、誠意を尽くした対応と毅然とした対応をはっきり使い分けることです。

カスタマー・ハラスメントは、理不尽な要求を執拗にしてくることがポイントです。とにかく、相手のペースに持ち込まれないことです。相手は、こちらをパニック状態にして、自分の要求を通そうと考えているのです。

ところで、悪質クレーマーとの違いを見ると、カスタマー・ハラスメントはプロではないので、周到な計画性はなく、法律の知識も持ち合わせていません。限度を知らない分、無茶苦茶な発言をしてくるケースが多いのです。この一線を越えたら刑法の〇〇条に引っかかってしまうことなど知らないわけです。

相手は、こちらが怖がるようなセリフを並べてきますが、毅然とした対応を貫くことが鉄則です。

相手の投げかけに対して、表情を変えずにしばらく沈黙するという対応策があります。相手は、自分が一方的に脅してきたのに、こちらが沈黙することで不安になってペースが乱れてしまうのです。一体、何を考えているんだろうと想像を巡らしているうちに不安になってくるのです。カスタマー・ハラスメントにおいて、相手はこちらの表情や仕草の変化をとても気にしています。こちらの様子を見ながら、使い慣れているセリフのなかからセリフを選んで投げかけてくるので、こちらが何を考えているのかがわからなくなっては、相手はセリフの選びようがなくなってしまいます。計画性があってもなくても、理不尽な要求を仕掛けてくるにはシナリオがあります。

正当でないクレーマーに対しては、相手のペース、つまりシナリオを崩すことが迷惑行為の抑止力として極めて有効です。

(5) 過剰対応をしない

クレームは一般常識的なものから、とても対応がハードになるものまで多種多様です。

冷静に聞くことに徹して、相手の発言の根拠を崩すことができれば良いのです。力負けしてしまうと、金銭的な損失を被ったり、不本意な妥協や謝罪を強いられてしまいます。

顧客第一が基本的な考え方ですが、理不尽なクレームに対しては、譲れない一線を常に意識して、要求に対して〝できること〟〝できないこと〟を明確に伝えることが必要です。

理不尽な要求を受けることは、シャットアウトしなければなりません。苦し紛れにその場しのぎの利益供与をしてしまうと、思いとは逆に相手の要求はさらにエスカレートして禍根を残すことになってしまいます。「ごり押しをしたら言いなりになったので、もう少し言ってみよう」と、さらに欲が出てしまうからです。

特別扱いをしてしまうと、こちらは「これで、もうこれっきり」と思って対応したことが、かえってリピーター化させてしまうことがあります。「それでは、あなただけですから」とか「今回に限り」などという言葉は禁句です。なかにはネットワークを持っている輩もいて仲間を呼び寄せてしまい、同様のクレームをするケースがあります。

また、特別扱いにより、他のお客様が不公平感を感じ、企業の信頼性が低下して複数の失客が起きることが十分考えられます。要求のなかには、値引きを求めるものや、おまけを求めるもの、支払い拒否などがあり、そのたびに応えていたらコストロスが出てしまいます。「その要求には対応できません」とはっきり伝えて納得させなければなりません。

ちなみに余談ですが、言いなりになって幼稚園の発表会で主役の桃太郎が3人出てきてしまったという笑い話のような例があります。「うちの子が桃太郎に一番適役なんだから」と、複数の父兄の圧力に負けてしまった事例です。

とにかく、理不尽な要求に対しては、ルールと一般常識をはっきりと説明することが必要です。それでも納得しない相手には最後の手段として切り出す言葉があります。

「それでは致し方ございませんので、どうぞ被害届をお出しください」と言うことです。この言葉で抑止力としての効果を発揮した実例がたくさんあります。

(6) 業務に支障が出ていることを伝える

正当なクレームの対応は、商品の返品・交換、サービスの改善など、本来短時間で済むのですが、理不尽なクレームの対応は長時間に及ぶことになります。

相手は、筋の通らないことを言い続け、こちらは当店のルールや一般常識的な説明を繰り返すことになるため、長期戦になってしまいます。

つまり、本来の業務に支障が出てしまいます。時間・労力を消耗し、自分の業務および関連部門の業務の遂行が停滞し、他のお客様にも迷惑をかけるなど、経営全体の流れに多大な悪影響が出てしまうのです。また、要求を受けて対応に悪戦苦闘すると、大きなストレスとなり様々なダメージが残ります。

迷惑行為をストップさせるには、「先ほどから長時間になっており業務に支障が出ておりますので、これで終了させていただきます」とはっきりと伝えることが肝心です。それでも迷惑行為をやめないようであれば、前述のように「致し方ありませんので、どうぞ被害届をお出しください」と言いましょう。「弁護士に相談します」という手もあります。私の知る過去の事例を見ると、被害届が出された形跡は見当たりません。届けを出したとしてもそれが受理されるか否か、受理されても警察が動くかは別の問題です。

「業務に支障が出ております」と伝える時間の目安は、一般的には20分と言われています。私のお客様の事例では、1人の担当者が半日以上拘束されてしまった例がありました。

電話でのクレームでも、長時間対応させられるのは拘束と言えるでしょう。身体的拘束ではないのですが、対面や電話で相手の行動や判断の自由を制限することに当たるのです。ですから、「業務に支障が出ておりますので…」ということを躊躇することなく伝えましょう。

対面・電話のいずれにしても、長時間拘束がかなり増えています。業務の遂行に支障を来たさないために、

たとえば20分を超えた場合、相手にその旨を伝えるガイドラインを作っておく必要があります。それがあれば、現場で対応に当たるスタッフは、どのタイミングで言うべきか迷うことなく、ストレスが軽減されます。

(7) クレーマーが嫌うことを実行する（ICレコーダー・防犯カメラの活用）

クレーマーは、自分の行動が表に出ることを嫌います。

理不尽なクレームを受けて、これはカスタマー・ハラスメントか悪質クレーマーだなと思ったら、ICレコーダーを活用する方法があります。「この話は重要な内容なので、録音をさせてください」と言ってレコーダーを取り出して相手に見せます。多くの場合、「録音なんかするな」と言って拒否しますが、「会社の決まりになっておりますので、クレームはすべて記録を詳細に残して、改善に役立てる必要があります」と続けます。

さらに、心強い味方が防犯カメラです。

顔が映ってしまうので決定的な証拠になります。理不尽なことを言ってくるクレーマーや悪質クレーマーにとって、防犯カメラには絶対に映りたくないのです。顔が映ってしまうと逃げ切ることができません。

クレーマー対策は、未然に抑止をすることが何よりも重要であり、ＩＣレコーダーと防犯カメラを併用することによって、無駄な労力のカットとストレスを大きく軽減することができます。

コラム❶

「正当なクレームは、業務改善のチャンス」

正当なクレームとは、提供された商品やサービスの不備に関して、お客様が不満を感じて問題点を指摘したり、苦情を言って責任ある対応を求めてくるものです。

損害賠償を請求してくるケースもあり、緊張が走ります。お客様は消費者として当然の権利を主張しているので、多少、乱暴な言葉を使ったとしても、こちらを攻撃するために来たのではなく、この状態を早くなんとかしてくれと訴えているのだと考えましょう。

初期対応では、まずお客様の立場になることから始めます。「乱暴な言葉を使っているけど何かに困っているのだ。では何をどうすれば良いのか」と考えれば、適切な対応の仕方が見えてきます。「自分がこのお客様だったら、どうしてほしいかな」と考えれば良いのです。

正当なクレームは、自分たちが気づいていなかったことをご指摘いただくので、迅速に改善することによって顧客満足を得ることができ、サービスの向上に繋がっていきます。お叱りをいただいたことが、会社にとって貴重な情報提供であるという受け止め方ができれば、ピンチをチャンスに変えることができます。

クレームを言うには勇気と決断が必要です。そのうえで来られたわけですから、「この度は貴重なご意見を賜りありがとうございました」「早速、改善をさせていただきます」「今後ともお気づきの点がありましたら、なんなりと仰ってください」などと厚く御礼を申し上げることを忘れてはいけません。

さらに、社内で情報を共有化して、迅速に改善を行うことでクレームが活かされるのです。

正当なクレームのことを、「宝物」と言い換えている大手保険会社があります。この言葉を使い始めてから、社員がクレームに対して前向きに対応できるようになり、成果を上げているとのことです。言葉の使い方だけで、人のマインドに影響を与えることができるのです。言葉の選択・使い方は、クレーム対応において一番大事な要素です。

正当なクレームは、ピンチをチャンスに変えることができる「業務改善のチャンス」です。

第2章

カスタマー・ハラスメントの
発生とダメージ

1 クレームで受けるダメージは大きい

クレーム対応は、一般常識やルールに沿って行うことが必須であり、力関係によるケースバイケースの対応があってはいけません。力関係でダメージを受けた失敗談があります。

こちらの過失トラブルによって、長年のお得意様の社員に怪我をさせてしまいました。先方からは、「1人欠員が出たために仕事が回らなくなった。募集をかけても集まらない。どうしてくれるんだ！」と矢のような催促の電話が連日かかってきます。他県のことなので、募集の手助けもできません。

結局、総務部の次長が志願して、泊まり込みで作業員として先方の冷凍庫で働くことになりました。防寒作業服を着ての重労働で、人質出張から帰った時には怪我をしていたのです。連日の「どうしてくれるんだ」の電話で打つ手がなく、対応の選択肢がなくなってしまったケースです。これは、本人の意思であったとはいえ、社員を人質に差し出したも同然であり、社員を危険にさらすという、あってはならない対応でした。

また、都心のある旅行代理店での出来事です。

中年の女性客が、若い女性スタッフの対応にいきなりキレて大声を張り上げ始めました。店内には20人ほどのお客様がいましたが、あまりの勢いに場は凍り付きました。大声はとても長く感じたようですが、実際は5分くらいだったのでしょう。

私は客として、誰か早くサポートに入ればいいと思い、呼ばれる順番を待ちながら注視していました。やっと奥のドアが開いて中年の男性スタッフが出てきてカウンターに来ましたが、ほっとしたのもつかの間、その男性スタッフも同様にクレームに対応できませんでした。

泣きそうになりながら、必死で耐えていた女性スタッフと男性スタッフが受けたダメージは計り知れません。5分間としても恐ろしく長く感じたことでしょう。その後どうなったかはわからないのですが、このようなケースでは、大きなストレスを受けた後、うつ・トラウマやPTSDと言われる障害を残すことが多く見られます。

現場からの悲鳴の1つは、上司・先輩などが「助けてくれない」ということです。大勢のお客様の前で罵詈雑言を受けていても、周りの社員は一切関与しない態度をとると、最後まで自分1人で対応することになってしまいます。対応している最中に体調を崩してしまうこともあるのです。

対応者が受けるダメージには個人差がありますが、業務や健康など生活のあらゆる場面に多大な影響が及びます。

個人だけでなく、会社が受けるダメージも大きなものです。精神的なショックを受けた社員のモチベーションが低下して生産性が下がります。そして、心的障害や体調不良による休職や、最悪の事態として退職に至れば経営悪化に直結してしまいます。

会社としてなすべきは、クレームに対応する社員への負担を軽減することです。対応する人数、場所、ルール、お客様へのお願い、告知などシステマティックに行うことによって、社員にも、会社にもダメージが及ばないように準備をすることが喫緊の課題です。

2 現場では、こんな悲鳴が上がっている

「病気になりそうだ」。

この言葉がクレーム対応、特にカスタマー・ハラスメントや悪質クレーム対応者の合言葉になっています。あらゆる業界・団体で様々なクレームが発生して、多くの対応者が頭を痛めているのです。適切で効果的な対応の仕方を見つけるのが容易ではなく、大きなストレスの原因になっているからです。

こちらに非がある正当なクレームの場合は、ストレスは小さいものです。正当なクレームの発生原因は、①技術・能力が未熟であった、②気の緩みがあった、③意識・責任感の欠如があったなど、十中八九がこちらのヒューマンエラーによるものです。

それに比べて、悪質クレームのように作戦を練ったうえで仕掛けてくる、カスタマー・ハラスメントのように、突発的に理不尽で執拗なクレームを言ってくるものに遭遇してしまうと、どうしたら良いのかわからなくなってしまいます。

必死で謝罪・説明をして、お客様にご理解・ご納得をいただいた時点で、クレーム対

応は、とりあえず終わりです。現場での業務は一件落着したのですが、ダメージが残ってトラウマになってしまうケースが増えてきました。特に、生真面目で責任感の強いタイプ、まともに受けてしまうタイプ、切り替えに時間がかかるタイプの人はトラウマになりやすいのです。

私は、クレーム対応相談を受けていますが、理不尽なクレーム対応を経験された方の多くが「病気になりそうだ」という言葉を使っています。実際、うつ、心身症などと呼ばれる病気になってしまう方が増えています。

3　口コミが失客に直結する

クレームに必ずついて回るものに、口コミがあります。

職場の人や知人、友人と会話をすると出てくる話題のなかに、「あそこのお店の商品は良くない」とか、「あの店はサービスが悪かった」といった噂話があります。これは紛れもなく口コミです。内容は大体が他愛もない話なのですが、噂をされているお店にとっては、経営に直結する死活問題であることも決して少なくありません。

口コミの特徴は、マスコミが不特定多数の人に対して新聞やテレビなどのメディアを使って発信するのに対して、知人、友人、同僚、取引先、家族などの親しい関係にある人々に直接伝えるものです。

近しい間柄であるために、話の内容に信憑性が高く、同情もあって、「あの店はそんな店だったのか」「自分もあの店に行くのをやめよう」などと失望して失客の連鎖が起こってしまうケースが多くあります。口コミは良い情報より、悪い情報のほうが広範囲に伝わる傾向があるので、商品、サービス、企業に関する情報は、販売や集客に、つまり、経営に直結するものなのです。

口コミがどこまで拡散するのかは計測のしようがありませんが、企業経営にとっては大きな影響力を持っています。

《口コミ発生の原因》

① 当該企業に対する強い憤りやあきれて発するもの

② 強い反感からではなく、話のネタとして伝えるもの

口コミの怖いところは、聞いた人がまた別の人に話すことで、10人以上の人が知ることになると考えられます。

お金と時間をかけてPRをしても、1つのクレームから口コミが起きると損失はどこまで拡散するか読めません。口コミを発した人がいわゆる「インフルエンサー」であったら決定的な損失となるでしょう。まして、現代はSNSが普及しているので、一度拡がったら、結果は予想外のものに発展してしまう怖さがあります。

口コミは特別な人が発するものではなく、我々も無意識のうちにたくさんしているものです。

4　タレコミも怖い

タレコミは、口コミとは多少意味合いが異なります。

正義感からくるもの、懲らしめる意味を持つものなどがあり、○○協会とか、監督官庁などの関係機関に対して「あの会社はこんなことをしていますから、取り締まってください」と、企業が行っている不正、違法行為、悪事などを訴え出るものです。企業にとっては、関連協会とか、監督官庁から指導を受けることは絶対に避けたいものです。場合によっては説明責任を問われることになり、結果によってはなんらかの罰を受けることにもなります。

いずれにしても、今まで築き上げてきた信用が一気に吹っ飛んでしまいます。

たとえば、金融機関の人は、取引先から「金融庁に言うぞ」との一言は聞きたくない言葉で、何度あっても決して慣れることはないと口をそろえます。いずれにしても、このようなタレコミが増えているのも事実です。

《タレコミの動機》

①　この会社に良くなってもらいたいという気持ちから

②　この会社は懲らしめなければ、納得できないという気持ちから

タレコミによって、指導や取り締まりを受ける形になるのは、なんとしても避けたい話です。

5 クレームのストレスから、従業員を守らなければならない

クレームによって、会社がダメージを受けることになりますが、クレーム対応をした従業員もダメージを受けます。企業は、クレームのストレスから従業員を守るための措置を講じなければなりません。方策を以下にまとめました。

従業員を守る

(1) １人で対応させない
(2) 担当部署を作る
(3) 対応の基準を整備する
(4) 対応後のケアを徹底する
(5) クレーム対応時の自身の特性を知る

(1) 1人で対応させない

正当なクレームであっても、対応者はストレスを受けます。ストレスの質や度合いによっては心身に大きな影響を受けてしまいます。

ダメージを最小限に留めるためには、1人で対応させないことです。接客態度以外のクレームであれば、対応者に向けられたものではないので、対応者が自分1人で責任を感じる必要はありません。しかし、対応に入ってしまうと、そのクレームが組織に向けられたものか、自分に向けられたものかを考える余裕がなくなってしまいます。プレッシャーをまともに受けてしまうので、極力複数人で対応すること、あるいは、途中から応援に入るルールができれば、落ち着いて対応に臨むことができるはずです。

特に個室で対応する時は、複数人で対応しましょう。複数人で対応できれば、感じる責任の重さを分散させることができます。

(2) 担当部署を作る

クレームを受けると、本来の業務にストップがかかり、時間的にも追い詰められるのでダブルパンチの状態になってしまいます。クレームの要求内容が、自分の専門分野でない場合で、なおかつ即答を求められると、どう応えたらよいのか大きなプレッシャーになります。応えられないままお客様を長時間待たせてしまうと、さらにクレームが激化する場合もあります。

そこで、質問やクレームに応えられる担当者を置く専門部署を設置することが必要です。現場の社員だけがストレス・ダメージを受けないようにするためです。このような質問を受けた場合に、対応できる社員を教育しておくことが必要です。

店舗であれば、クレーム対応は店長が担当するなどのルールが多いようです。

(3) 対応の基準を整備する

寄せられるクレームは、千差万別です。マニュアルどおりの対応ではなく、アドリブ力がものを言うことになります。ケースバイケースで適切な判断ができるような対応の基準を決めておくと、対応者の負担が軽減されます。基準がないと、その都度指示を仰がなければならず、お客様をお待たせすることになってしまいます。

悩まずに対応ができる想定問答集まで作っておくと、いっそう対応時の不安を軽減することができるでしょう。

(4) 対応後のケアを徹底する

特にハードなクレーム対応を行ったスタッフには、手厚いケアが必要です。なぜなら、理不尽なクレームや悪質クレームに対応すると、単純なパニックでは済まず、〝心身症〟や〝うつ〟などに繋がるダメージを受けている可能性が高いのです。対応の詳細報告を基に分析して、医師の診察を受けさせるなどのケアが欠かせません。

(5) クレーム対応時の自身の特性を知る

クレーム対応は、お客様に冷静になっていただくことから始まります。しかし、逆に感情をエスカレートさせて、二次クレームにしてしまうことも多く見られます。

お客様を怒らせて二次クレームにしてしまったと悩んでいる対応経験者が多いのですが、これには性格特性や行動特性が関係しています。そこで、そのための検査を受けて自分を見直したいと希望する対応経験者が増えています。

なぜなら、過去のクレーム対応での失敗がトラウマになっているからです。

私は、学生時代に産業心理学のゼミナールに所属していたことから、以来、性格検査に携わっています。現在は「ＹＧ性格検査」と「ＮＴＩ－Ⅱ検査」を全国の企業、団体に紹介しています。クレーム対応や人財育成に活用しています。

官公庁や大手企業、金融機関、医療機関などが採用試験時や診療など、随時使っているのがこれらの検査です。性格特性や行動特性が詳細にわかり、面接では聞けないようなことも検査で聞いているので、個人のプロフィールを知るうえでとても優れた検査です。これらの検査で対応者自身の特性を知って、クレーム対応という場面に臨むに際して活用できるものと考えています。関心のある方は、一度試してみてください。

コラム❷

「電話によるクレーム」

クレーム対応は、対面の場合と電話の場合があります。電話クレームで特に要注意なのは、お互いに姿が見えないからと思って、話す時の姿勢や表情への気配りを疎かにしてしまうことです。

姿勢や表情によって、声の質は大きく影響を受けます。気の抜けた姿勢で電話でのクレーム対応をしてしまった管理職が、そのような雰囲気を察した相手から指摘を受けて反省したということを話してくれました。

私は、新入社員研修のなかで、「電話で話す時は、テレビ電話のつもりで話しましょう」と必ず言っています。電話は、相手の姿や表情が直接見えない分、伝わってくる声に全神経を集中しているので、緊張感のない格好で話していると、わかってしまうのです。

ですから、私は電話でのクレームの時は、必ず直立不動で対応をしてきました。
お陰様で良い結果を得られています。

第3章

カスタマー・ハラスメントにおける
クレーム対応10か条

1 謝罪対応の事例

クレーム対応の基本は多々ありますが、まずは謝ることから始まります。

ただし、「すみませんでした。今後ともよろしくお願いいたします」では軽過ぎと言えます。立場・責任のある者が、迅速に訪問して謝罪することが基本です。

適切な対応ができれば、会社への信頼度が大きく上がります。

まずは、クレームの事例を紹介しましょう。

肉まんの事例

50代の男性がコンビニで肉まんを買って来て、2つに割ったら、キラッと光るガラスのようなものが入っていました。驚いてコンビニへ持って行きました。

コンビニのスタッフの対応は、「メーカーに電話をしておきますので、帰ってメーカーからの連絡を待ってください」とのこと。この時のスタッフは、「申し訳ございませんでした」の一言も、体調を心配する様子もありません。よくある話ですが、販売した商品に瑕疵があったとしても、それを持ってきたお客様に謝罪をしないケースがあります。販売員としては、「この不良品を作ったのはうちじゃないから謝る必要はない。謝るのはこれを作ったメーカーだ」と考えているのです。

確かに作ったのはメーカーなのですが、瑕疵ある商品を確認しないで売ってしまった責任があります。作ったのはメーカーなので、当然製造責任を負う意味でメーカーは謝罪をしなければなりません。しかし販売店も、その商品を仕入れて、お客様に販売して利益を得ているのです。ここで販売の責任が生じるわけです。厳密に言えば、仕入れた商品に瑕疵がないかを確認したうえで、販売する必要があるのです。そこを全く考えずに、「あっ、そうですか。じゃ、メーカーに連絡しておきます。うちには責任ありませんので」で済ませてしまうわけにはいきません。

お客様は、この店の常連さんだったのですが、瞬間でキレました。「おい、自分のところで売ったものが不良品だったのに、なんで謝らないんだよ。店長を呼んで来い」と大声を張り上げたので、レジに並んでいた他のお客様達は店を出て行ってしまいました。

その後、レジのスタッフは「申し訳ございませんでした」と謝ったのですが、指摘されてからのことなので、お客は収まりがつかない状況です。「この店はどういう教育をしているんだ」とエスカレートしています。店長は外出していますと伝えても、「店長を今すぐ連れて来い」とカウンターを叩きながら続けます。

ここで、このケースの問題点を整理してみましょう。

① コンビニスタッフの対応ミス

・瑕疵のある商品を売ってしまった
・クレームを受けたのに謝罪の言葉がなかった
（製造責任はメーカーだが、販売したことに対する謝罪が必要だった）
・新しい商品と交換するなどの提案がなかった
（同じ種類の商品では不安があるので、別の種類の商品と交換するなど、提案の選択肢はある）

② お客様の行動

・スタッフの態度にキレてしまった
・無理な要求をしている（店長は外出しているのだから、すぐには来ない）
・大声を張り上げて、カウンターを叩いてしまった

スタッフには、責任感やお客様への配慮が全く感じられず、それによって、お客様を〝イラッ〟とさせてしまいました。流れとしては、初めは、正当なクレームだったのに

カスタマー・ハラスメントにしてしまいました。
スタッフが初期対応でエラーをしなければ、シンプルな対応で済んでいたでしょう。

この騒動の後、男性の自宅には、メーカーから謝罪の電話がありました。「誠に申し訳ございませんでした。これからお詫びにお伺いさせていただきます」とお話しましたが、住所を聞くと男性宅は栃木県とのことです。メーカーは東京で先方は栃木県、なおかつ12月の半ばといえば繁忙期です。「遠方から来なくていいから、何が混入していたのかを調べて教えてくれよ」と男性が言うと、翌日、メーカーから電話があって「公の検査機関が予約で一杯なため、民間の検査機関に依頼してもよろしいでしょうか」とのことです。5日後に改めて検査結果を伝えてきました。この時も「これから、お詫びに伺います」と言いましたが、結果を聞いた男性は「そこまでしなくていい」と了承して解決したのです。

男性は、コンビニのスタッフにはキレたのに、メーカーに対しては全然キレていないのです。これは、スタッフから謝罪の言葉がなかったことで、エスカレートしてしまったからです。メーカーの対応には、非の打ちようがなかったのでキレていません。

メーカーの対応は、クレーム対応の基本に沿ったものです。繁忙期に、遠方から肉まん1個のことでお詫びに行きたいという姿勢、検査機関についても公の検査機関に依頼する姿勢など素晴らしいものです。検査の結果は、食品添加物が温度の関係で凝固したとのことでした。

お客様を大切にすること、責任感の強さ、誠実さに関して、メーカーとしてクレーム対応の見本になるものでした。

この事例では、コンビニの対応のまずさとメーカーの誠意のある対応の違いがよくわかります。

かまぼこの事例

60代の男性が夕食時に買ってきたかまぼこに包丁を入れたら、毛髪が入っていました。すぐに購入したスーパーマーケットに持って行きました。残念ながら、スタッフの対応はコンビニの事例と同じでした。

「誠に申し訳ございません」との一言がありませんでした。「詫びの一言もないのか。これで今日は酒を呑むところだったのに。店長を呼んで来い。お前なんかクビだ！」と、店の外まで聞こえる大声です。

恐る恐る出てきた店長も「お前のところは社員教育もしないで店に出してるのか。謝りもしないで」という男の勢いに対し、小さな声で「申し訳ございません」と繰り返すだけです。

10分くらいの騒ぎだったのですが、関係者にとっては恐ろしく長く感じられたことでしょう。店長がひたすら謝り続けて、とりあえず一件落着しました。

この男性の自宅へ、ほどなく静岡県の食品メーカーから電話があり、東京の男性宅に謝罪に来ました。翌朝一番で、メーカーの営業マンが車で謝罪に来て、購入代金と粗品をもって丁寧に挨拶をしたのです。事態は収拾しました。

この事例でも、スーパーマーケットの最初のスタッフから「申し訳ありませんでした」という様子が全く感じられなかったのが原因です。自分のところで作ったものでないと、販売した責任という意識は薄いようです。「うちには責任ないんですよ」という

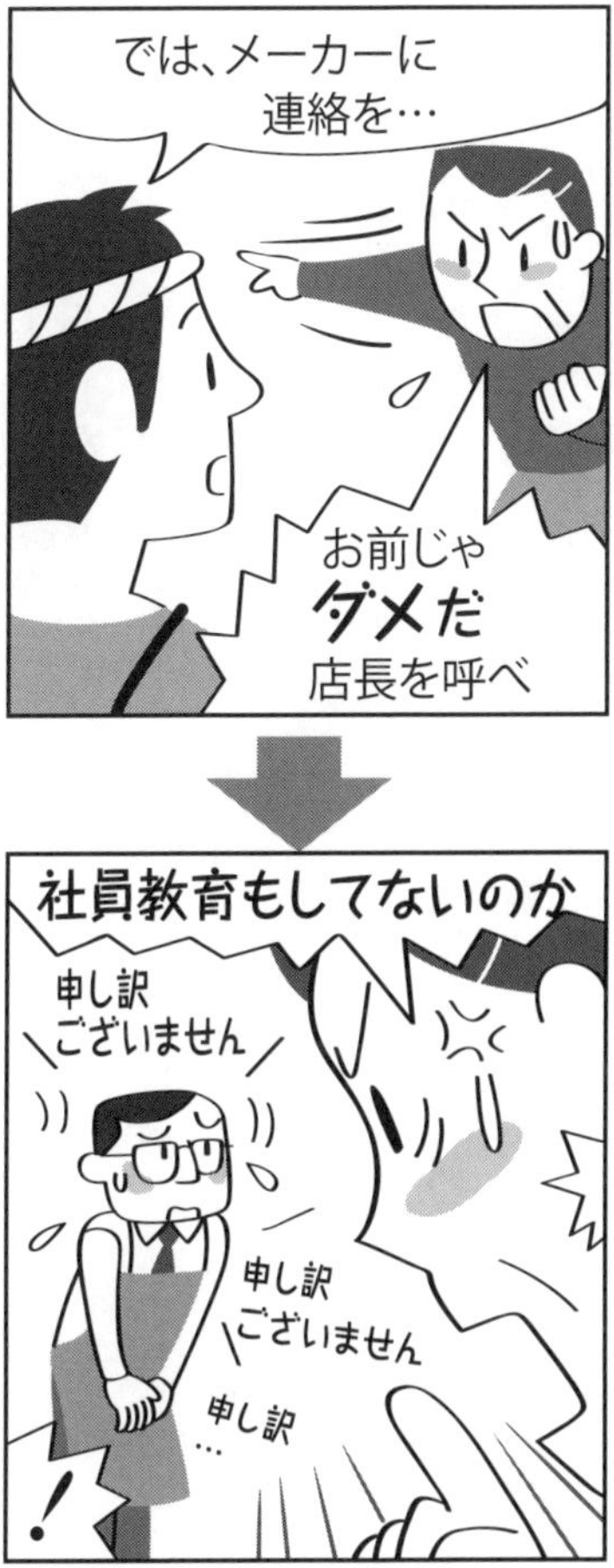

素振りは、「うちも被害者です」という無責任な雰囲気を伝えてしまう恐れがあります。

食品メーカーの対応は、適切なものでした。クレームが入ったのが夕方だったので、取り急ぎ電話で謝罪をして、翌朝、改めて、静岡県から東京に車で謝罪に来たのです。スーパーマーケットに出向いて、問題の食品を確認したうえで来ました。対応の早さ、しっかり確認をして謝罪に来たことや代金返還などは適切な対応でした。さらに電話で済ませず、朝一で遠隔地まで車で来たことは評価できるものです。お詫びの品3点には、自社の名前が入っていて「当社はこんな物も扱っています」との一言を添えて、ピンチをチャンスに変える努力もしっかりしていました。

ここで、クレームに対して、最初に適切な対応をした良い事例を紹介しましょう。

●チョコレートメーカーの事例●

デパートで買ったチョコレートを開けたら、表面に白っぽい小さな泡が乾いた跡がありました。過去の経験からすると、陽の当たる場所にでも置いたのだろうと推察できました。

買った女性は、食べても心配はないと思いましたが、陳列されている別の商品のことも心配なので店に電話をしました。このままにすれば、同様のクレームが続出するかもしれないからです。店の人は大変恐縮して謝罪し、メーカーに連絡をしました。

電話連絡の後、2時間後にメーカーの名前が大きく入った車が女性宅に来ました。営業課長の丁寧な謝罪とともに、大きな袋に詰めた自社商品を持ってきました。チョコレート１個のことでお菓子をたくさんもらって恐縮していましたが、適切なクレーム対応でした。

この事例は、流通の過程、デパートの取扱いなどの問題も考えられ、メーカーの責任ではないかもしれません。しかし、まず店の人が謝罪し、その上でメーカーの立場のあ

る人が短い時間に訪ねて来て謝罪したのです。クレーム対応の基本を、忠実に実行したと言えます。

電話での「ごめんなさい」は、責任を感じていないと思われます。謝罪としては心が伝わらないのです。訪問してお詫びするなど、その他の状況を見ながら誠意ある対応を心掛けましょう。

2 クレーム対応10か条

それでは、ここからクレームにおける基本的な対応をご説明します。

クレーム対応10か条

(1) お客様の目を見て対応する
(2) 必ずメモを取る
(3) 否定や途中で遮ることをしない
(4) 相手の意図・立場を見極める
(5) 苦情三変の法則
(6) 対応策を迅速に伝える
(7) 呼び出された場合は警戒を
(8) 言葉の使い方が対応結果を左右する

⑼　相手にとって見た目が大事
⑽　組織として対応にあたる

(1)　お客様の目を見て対応する

語気の強いクレーム客に遭遇すると、つい目を逸らしてしまいそうになります。クレームを発しているお客様と目を合わせないのは、極めて無礼であり無視に等しく、お客様の怒りをさらにエスカレートさせてしまいます。

クレームの場面で目を逸らされた相手は、かえって追及を強めたくなる心理が働くのです。しかし、神妙に聞いている相手には、誠意を感じて怒りの度合いが小さくなります。「この人と話をすれば大丈夫」という安心感を持っていただけます。

怖いと思うことがあっても、相手は危害を加えるつもりではないので、落ち着いて拝聴することに徹しましょう。お客様も言いたいことを言ってしまうと、テンションは下がるものです。まくし立てた後で、「ちょっと言い過ぎたかな」と反省するケースも結構あるので、話をじっくり聞いて対応策を考えましょう。

(2)　必ずメモを取る

どんなに簡単なクレームであっても、メモを残すことは不可欠です。

やり取りの詳細をメモしている姿は、真摯な対応として伝わり、このスタッフならば真剣に対応してくれるだろうという安心感が伝わります。「この人は間違わずにちゃんと聞いてくれているかしら」という不安に対し、これを払拭してくれます。

また、クレームのやり取りは、１度で済まないことがあるので、やり取りの一部始終をデータとして残すことで、再度の問合せにも困りません。報告書の作成にも詳細なメモが役立ちます。

さらに、クレームがあるということは、改善を要求されているということです。メモを残して、早急に改善に取り掛からなければなりません。

改善要求をしたお客様は、どうなったかを確認に来ることも多いので、改善が遅れるとお客様の怒りに火がついて、次の行動に発展してしまうことがあります。当該協会に電話をして、「あの会社はこんなことをしているので、指導をしてくれ」とか、監督官庁に連絡をして、「あの会社を行政処分してくれ」などのタレコミです。

クレームを受けたけれど、忙しくてその後の改善を忘れてしまったのでは、会社の損失にもなります。メモを取ることは、こちらの取組みの姿勢を伝える意味とともに、今後の改善のためでもあるのです。

メモの効用

- 真摯な姿勢が伝わる
- 再度の問合せに役立つ
- 報告書の作成に使える
- 今後の改善の資料になる

次の言葉を使い分けましょう。

《尋ねる時》

・差し支えなければ
・ご迷惑でなければ
・お教えいただきたいのですが

《依頼する時》

・恐れ入りますが
・お手数をおかけして恐縮ですが
・ご迷惑とは存じますが
・お忙しいところ恐縮ですが
・ご足労をお掛けして申し訳ございませんが

《断る時》

・あいにくですが
・ご意向に沿えなくて

・心苦しいのですが
・私の力不足で、申し訳ございません

②「使ってはいけない言葉」と「使いたい言葉」

対応時に使う一言は、展開を大きく左右します。順調に進んでいた会話が、こちらの不用意な一言で、お客様がキレてしまうことがあります、というより大変多いのです。

お客様がこちらの説明を理解する姿勢が見えず、理不尽な要求を繰り返してくると、つい出てしまうのが、「ですから、先ほどから申し上げているように……」という発言です。「申し上げて」と敬語を使っているのは良いのですが、「ですから」の一言がまずいのです。「ですからってなんだ」「人を馬鹿にしてんのか」と相手をヒートアップさせてしまいます。〝カチン〟となって、カスタマー・ハラスメントに変化してしまうのです。

最初のクレームと異なり、対応者への個人攻撃になって長期戦となり、業務に大きな支障が出ることになります。人格を否定するような暴言・恫喝が次々と出てきてエンドレスになります。暴言を浴びせられている方は、「いつ終わるんだろう、早く終わってくれ」と祈ることになるのです。
言葉遣いは、対人関係において極めて重要です。特にクレーム対応においては、最も気を付けなければならないことで、一言の間違いが悪夢を呼んでしまいます。相手を頭から否定したり追い詰めると、意地でも自分の意見を通そうとして、解決が難しくなります。

ここで気をつけたい「使ってはいけない言葉」と「使いたい言葉」を紹介します。

《使ってはいけない言葉》

・だから
・ですから
・でも

「だから」も「ですから」も、「わからない人だな」と相手の人格を否定する意味にとられます。
「だから」より「ですから」の方が丁寧な言い方ではあるのですが、意味するところは同じです。これを言われれば誰でもカチンときます。

「でも」というのは明らかに反論です。「そんなこと言うけど、違いますよ」と明らかに相手の言い分を否定しています。人は、否定をされると自分の方が間違っていると気付いても引くに引けなくなるものです。ましてやクレームを言いに来たのですから、自分の間違いを認めるのは勇気がいることです。

《使いたい言葉》

・さようでございますか

・失礼を致しました

・すみませんでした

これらの言葉は、相手に理解を示していますから、悪感情を持たれなくて済みます。

クレームをいただいた場合、初期対応では一歩引いて対応を始めることが基本です。

《使ってはいけない言葉》

・だから
・ですから
・でも

《使いたい言葉》

・さようでございますか
・失礼を致しました
・すみませんでした

覚えましょう!!

(9) 相手にとって見た目が大事

私はとても気が弱いので、あえてクレームを言うようなことはしないのですが、クレームをしたわずかな経験を振り返ると、適切な謝罪をしない、あるいは言葉では謝っているけど、顔が謝っていなかったケースがありました。顔、つまり筋肉の動きもありますが、目が謝っていないということが問題なのです。

言葉や仕草で謝罪の姿勢を示しても、目が謝っていなければ、すべてが帳消しになってしまいます。

よく言われる言葉に、「あいつ、顔は笑っていたけど、目が笑っていなかったよな」というのがあります。クレーム対応は嫌だと思っていると、いくら丁寧にお詫びをしていても細かい仕草や表情に出てしまいます。心が伴っていなければ、そこが伝わるのです。

相手は、こちらが発する言葉は漏らさず聞いていますが、何よりも注意しているのがこちらの態度、つまり仕草と表情です。安心して、さらに信頼していただくためには、まずは、見た目に訴える情報発信に気をつけることが大事です。

見た目が一番大事ということがよくわかる法則があります。心理学者のアルバート・メラビアン博士が唱える「メラビアンの法則」です。話し手の印象を決定するのは言語だけではなく、非言語であるという法則です。コミュニケーションは、言葉だけではないのです。

メラビアンの法則

言語情報（verbal）　言葉によって伝わるもの……７％
……ただ言葉を機械的に伝えるだけの行為であって感情が伝わるものではありません。

聴覚情報（vocal）　話し方によって伝わるもの……38％
……言い方の違いであってイントネーション・アクセント・テンポ・声の大きさなどを微妙に変え

て喋ることによって伝わり方が大きく変わります。

視覚情報（visual）　見た目によって伝わるもの……55％……見た目の伝わり方のことで、身だしなみ・表情・仕草など可視的に表に出るものです。

クレームのお客様は、これらのすべてを注視しているのですが、この7％・38％・55％を知ったうえで対応に臨めば、第一印象で失敗することはないでしょう。

(10)　組織として対応にあたる

第2章でも述べましたが、対応がこじれそうな場合は、速やかに応援を呼ぶか周りにいた者が応援に入らないと、対応者の心が折れてしまいます。

前述の旅行代理店での出来事です。お客様の女性が、いきなり大きな声を張り上げました。対応していたのは若い女性スタッフでしたが、あまりの勢いに今にも泣き出しそうな顔で固まっていました。その時、接客をしていないスタッフもいたのですが、なかなか関わろうとしないのです。膠着状態というより見殺し状態です。

この手の事例は多く見かけるのですが、組織的な対応ができていない典型例です。

組織的な対応ができていないと、次のような弊害が出てきます。

・限界になってしまった対応者の心が折れてしまう
（困っていても、誰も助けてくれない）
・他のスタッフも対応を避けるようになる
（自分も、１人で対応することになりたくない）
・来店していた他のお客様に悪印象を与えてしまう
（この店は、お客様を怒らせるようなことをしているのかしら）
・口コミが広がり、風評被害が発生する
（あの店は、評判が悪いみたい）

企業でのクレーム対応は、個人で解決するには限界があり、組織として、迅速に対応できるシステム作りが必要です。

以上、クレーム対応の基本を述べてきましたが、クレーム対応は、極めてシビアな場面です。

お客様の気持ちを理解できる能力と、自分の気持ちをコントロールする能力がなければ、初期対応で失敗して、お客様にカスタマー・ハラスメントをさせることにもなります。

クレームのお客様は、誠意のある謝罪と適切な対応の2つがほしいのです。そこをわかってもらえないときは、とてもがっかりしてしまい、「この店はだめだ、二度と来ない」と判断されてしまいます。せっかくお越しいただいたお客様を、クレーム対応で失敗して失客にしてしまうのは、あまりにももったいないことです。

適切な対応ができれば、「この店（対応者）は、こちらの気持ちを理解してくれている」と思い、怒りのテンションが一気に低下します。

クレームをぶつけて謝罪と適切な対応を勝ち取ろうというお客様の気持ちが、この店（人）に話を聞いてほしいというスタンスに変わります。劇的な変化なのです。

コラム❸「文書・メール限定での謝罪要求には慎重に」

謝罪文書をコピーして、ばら撒かれた例があります。

メールを転送された例もあります。

知られたくない相手や関係先などにばら撒かれると、恥ずかしい思いをしたり、自社の信用に傷がついてしまいます。相手が、文書・メールでの謝罪にこだわる場合は、要警戒なのです。

文書やメールは、形が残るものです。いつ、誰が見てしまうかわかりません。そして、どこへ、どういう形で伝わるかわからないので大変怖いものです。

丁寧さからも、安全性からも、口頭での謝罪が良いでしょう。口頭での謝罪は、後に形が残らないからです。

第4章

厄介な二次クレームの発生

1 二次クレームとは

一次クレームにおける初期対応でお客様を怒らせてしまい、話がこじれることで発生するクレームを「二次クレーム」と言います。

対応が不適切であったために、お客様が〝イラッ〟として、事の始まりであるクレームの目的をすっかり忘れ、対応者への個人攻撃等に変化してしまうのです。

配慮を欠いた言葉・態度が、お客様を戦闘モードにしてしまいます。

時間と労力を大きくロスして業務に支障が生じます。他のお客様を待たせて、そちらからもクレームが発生して営業休止状態になることもあります。

なぜ二次クレームが発生するのか、対応の仕方を見てみましょう。

2 初期対応のエラーが、二次クレームに直結する

チェーン店で5個のハンバーガーを買ったところ、すべてがバンズ（パンの部分）だけでパテ（中身）が入ってなかったことで、クレームに来たお客様がいます。買ったお客様からのクレームに、店員が「えっ、本当？」と疑いの返事をしてしまいました。

店員のありえない言葉に驚きました（あとで店員に確認してみると、最近、パテが入ってなかったという悪質クレームが連続していたので、うっかり言ってしまったとのことです）。それにしても、お客様を疑うことは絶対にあってはならないことです。相手によっては大事に至るかもしれません。このような失態は他の業界でも起きており、消費者相談センターの相談員が電話で失敗してしまった事例もあるほどです。

「えっ、本当？」という言葉は、今回のように相手を疑って言う場合と、疑ってではなく、驚いたときに出てしまう場合の二通りがあるのですが、いずれもビジネスシーンで使うのはあまりに不適切です。お詫びして済む話ではありません。

食品に異物が混入していたとのクレームに、「当社では最新の管理システムで生産し

ておりますので、異物が混入することは考えられません」と否定してしまった会社の事例がいくつかあります。後になって、生産ラインの部品の破片が混じっていたことが判明しました。経営者が責任追及されて会社の信用が大きく傷ついただけでなく、時間が経過しても話題に上る結果となっています。この手の失態は、消費者の記憶に長く残るものです。機械やシステムに間違いはないというのはありえないことです。

ただし、このような状況を利用して、異物混入を装って仕掛けてくるケースも多発しているため、悪質クレーマーから会社を守ることも考えなければなりません。

初期対応を誤ると追及が始まり、ややこしくなります。

クレームが発生したときは、まず自社が提供した商品やサービスになんらかの瑕疵があったのではないかと考えることです。もちろん、お客様の勘違いもあります。

二次クレームがなぜ起きるかというと、勝手に起きるのではなく、対応の仕方を誤ってお客様を怒らせてしまうためです。「一言言わないと帰れない」という気持からクレームが始まります。商品やサービスに関する最初のクレームと違い、感情的になっているので言葉遣いが乱暴になるなど、エスカレートします。

クレームのお客様は、買い物やサービスに対して、こうしてほしいと訴えているわけなので、気持ちを察して、共感を示して対応することが基本中の基本です。困っているお客様が二次クレームを出さないためには、相手の気持ちを考えて対応策を考えることがポイントになります。

初期対応でしてはならないことをまとめました。

初期対応でしてはいけないこと

・言い訳（自己防衛・逃げ腰）
・反論
・責任転嫁
・苦し紛れ

人は、「言い訳」をされるとかえって腹が立ち、許せない気持ちになります。「反論」されると、クレームに対する謝罪と適切な対応を求めてきたお客様は、謝罪がないのか

と立腹することになります。

こちらが不良品を売ってしまったにも関わらず、販売責任を忘れてメーカーの製造責任に「責任転嫁」してしまうケースがありますが、これも二次クレームに直結してしまいます。クレーム対応は、少なからず「苦し紛れ」になるものですが、この提案で大丈夫だろうと思って言ったことが、その時に限って思いどおりにならず、二次クレームになってしまうことも多いのです。

二次クレームは、初期対応でミスをしなければ防ぐことができます。

コラム❹ 「サイレントクレーマー」

言いたいクレームを、言わないで済ませてしまう人を「サイレントクレーマー」と言います。

気分を害したり、失望して文句を言ってやろうと思っても、すべての人が文句を言うわけではありません。言えるのは極めて限られた人です。気が弱くてクレームを言えない、クレームを言うと悪質クレーマーだと思われてしまうのかなと思う、クレームを言うなんてみっともないと思うなど、事情は様々です。

文句を言いたいけれど、諸般の事情によって言わずに済ませてしまうケースが圧倒的に多いのです。

言いたいことがある人の95％が、サイレントクレーマーだというデータもあります。私もそうですが、皆さんも〝イラッ〟とさせられたときに、その都度クレームを言ったかというと、そうではないと思います。「このくらい、いちいち目くじらを立てて言うことでもないか」など、頭に来たけど言わずに済ませてしまったケースは、星の数ほどあるでしょう。

しかし、そこで「嫌味を言われたり、怒鳴られたりするよりはいいか」と企業側が思うのは間違いです。実は、サイレントクレーマーは企業にとって、大変残念な存在なのです。

クレームの状態にあることを企業が知ることなく、水面下で失客、口コミなどの悪影響が出ているのです。直接クレームを言われれば、今まで気付かなかったことを改善することができて経営にとってプラスになるのですが、言われなければ問題点に気付かず、企業にとっては改善の機会を逸してしまうことになります。

言わないで済ませてしまうお客様は、「もうここには二度と来ない」と決めて、他の店に流れてしまうかもしれません。こちらが気付かない形で失客が発生している可能性はあるのです。客数が思うように伸びないという場合は、サイレントクレーマーによる失客が影響していることも十分に考えられます。そして、失客は1人にとどまらないという怖さがあります。

お客様に「もう二度と来ない」と決心させた感情の動きは、そのまま収まることはありません。人は良きにつけ悪しきにつけ、感情が大きく動いたときは「誰かに話したい。聞いてもらいたい」と思うものです。それが口コミの形となって連鎖する場合もあります。

サイレントクレーマーには、なっていただきたくないものです。

第5章

悪質クレームの特徴と対応の裏技

1 カスタマー・ハラスメントと悪質クレーマーの違い

カスタマー・ハラスメントと悪質クレーマーの違いについて、述べてみたいと思います。相違点をまとめますと、以下のとおりです。

●相違点●

カスタマー・ハラスメント		悪質クレーマー
計画的ではない	↕	計画的（シナリオがある）
金銭が目的ではない	↕	最初から金銭目的
最初は言い掛かりではない	↕	最初から言い掛かり
決まり文句はない	↕	決まり文句がある
具体的に言ってくる	↕	具体的に言わない
感情的なケースが多い	↕	よく見ると冷静
手慣れていないケースが多い	↕	手慣れている

時間が長い ↔ 時間は長くない
組織を匂わせない ↔ 組織を匂わせる
ネットワークはない ↔ ネットワークがある
常習的ではない ↔ 常習的である

悪質クレーマーは、脅し文句を連発して揺さぶりを掛けてくるのですが、法に抵触するような直接的な言い回しを微妙に避けて、恐怖を感じさせてこちらに判断させ、金銭を脅し取ろうとするものです。

見分け方の一つとして、「どうしてくれんだよ」というセリフを3回連発したら、悪質クレーマーと判断してほぼ間違いありません。彼らは具体的な要求を言葉にすると、刑法に引っかかる可能性が高いことを知っているので、こちらに解釈をさせて対応させるのが常套手段なのです。これを言ったら捕まってしまうというデッドラインを考えた行動をとっています。ここが、カスタマー・ハラスメントとの違いです。そして、悪質クレーマーの仕事は、短期決戦を繰り返すのです。

そこを逆手にとって、「うちの会社に仕掛けると長期戦になるよ」とほのめかすと、戦意が低下するのが見えてきます。多店舗経営している企業では、悪質クレーマーが来たら、迅速に他の店舗に警報を発しましょう。ある沿線に多店舗を展開している店に悪質クレーマーが来た際、30分後に同沿線にある系列店に同一人物がやってきた例があります。

悪質クレーマーには、「ここには隙がないな」と思わせて諦めさせることがポイントです。相手も最初からすべてが成功するとは思ってはいません。悪質クレーマーに仕掛けられると、業務に支障が出ることを恐れて、いくらか包んで渡してしまうケースが多いのが実態です。そうして悪質クレーマーが生き延びているのです。そうすると味を占めて、他の会社へ行って「あの会社ではこうしてくれたんだけど」と要求をします。

悪質クレーマーはネットワークを持っている者もいて、その一員が違う手口あるいは同じような手口で、再度やってきます。前回、金銭を渡しているので、断る口実が見当たりません。別の男が同様の手口でやってきて、都合3回脅し取られたケースがあります。その男がネットワークの一員だったのです。

理不尽な要求には、毅然とした対応を貫くことが絶対に必要です。そうしないと、悪質クレームのリピートが起きてしまいます。

ここで、悪質クレーマーの常套句を紹介します。

常套句

① どうしてくれるんだよ
② 誠意を見せろ
③ 社長を出せ
④ あいつをクビにしろ
⑤ 土下座をしろ

これらの言葉をよく使いますが、これでおびえてしまうと彼らの思うツボになってしまいます。悪質クレーマーは、こちらの様子を見ながら次々と仕掛けてくるのです。

なぜ、自分が投げかけた言葉への反応を見ながら、次のセリフを出してくるのかとい

うと、初めから要求に根拠がないからです。相手がどのくらいおびえているかを見ながら、次の要求を出しています。ですから、こちらがおびえた様子を見せなければ、次のセリフを出し難くなってしまうというパワーゲームなのです。

そこで、セリフに対し、投げ返すボールを探しましょう。

① どうしてくれるんだよ

「どうしてくれるんだよ」と言われたら「どうすればよろしいでしょうか」と聞き返します。すると、相手は困ってしまいます。言いたいのは「金を出せ」なのですが、それを言ってしまうと恐喝罪に抵触してしまうことを彼らは恐れているのです。

② 誠意を見せろ

第1章でも説明しましたが、「誠意を見せろ」というセリフを好んで使います。誠意の意味は、本来、気持ちあるいは真心ということですが、彼らが言う誠意は「お金」です。「金を出せ」と言って、こちらがお金を渡すと、恐喝罪が成立してしまいます。なぜ、誠意という言葉を使っているのかというと、警察で追及されたときに、誠意を見せろと言っただけで金を出せとは言っていないと言い逃れるつもりなのです。

これを言われたら「誠意を見せるとは、どのようにしたらよろしいでしょうか」とボールを投げ返しましょう。言いたい要求をストレートに言ってしまうと警察のお世話になってしまうので、クレーマーは何も言えなくなります。

③　社長を出せ

「社長を出せ」と言われても、いちいち社長が出ていたら経営が成り立ちません。社長が出てしまうと、「言うとおりに社長が出てきたか、これなら要求も通りそうだ」と判断させ、要求がさらに過激になります。

ですから、「社長を出せ」と言われた場合、現場の対応者は「私がここの責任者ですから、私に言ってください」と対応することが肝心です。

④　あいつをクビにしろ

「あいつをクビにしろ」「あいつをどこかへ飛ばせ」と言ってくる場合があります。

この場合は、「私どもの教育が行き届いておりませんでした」と謝罪の形を取ります。この時点で相手は「思いどおりに進みそうだな」とほくそ笑むことでしょう。ところが続けて「私どもが責任をもって教育して参ります」と言うのです。これを言われると相手は返す言葉がなくなるでしょう。

これは言葉を変えると、「クビにする、飛ばすというのは人事の話であって、外部のあなたにそんなことを言われる筋合いじゃないんですよ。どうぞお引き取りください」と言っているわけです。「私ども」と言う言葉を重ねて使っていますが、「これは社内の問題なのですよ」という強い拒絶の意思表示となります。

理不尽な要求や悪質なクレームに対しては、柔らかい言葉で、キツイ事をきっちりと言いましょう。

⑤　土下座をしろ

カスタマー・ハラスメントや悪質クレームでは、土下座を強要されるケースが多く見受けられます。

怖いと思ってしまうでしょうが、言いなりになってはいけません。土下座は、大変屈辱的で暴力に近いものなので、毅然として拒絶しましょう。

どうしたら良いのかわからなくなったら、山田流の対応法があります。「土下座をしなかったら、どうなるのですか?」と聞き返してください。これを言われた相手は、答えに窮してしまいます。「しなかったら○○をするぞ」とへたなことを言ったら、害悪の告知になって強要罪等が成立してしまう可能性があります。

相手は、このことをよく知っています。

謝罪の意を示すには、土下座が一番良いだろうと考えている経営者もいます。こちらから自発的にすることもあるかもしれませんが、土下座なんて恰好が悪いでしょう。強要された場合は絶対に拒絶をしましょう。

土下座を強要されたら、警察に通報・相談することをお勧めします。

ここで、悪質クレーマーの事例を紹介しましょう。

CDレンタル店のケース

東京を中心に50店舗余りを展開するCDレンタル・販売店で、悪質クレーマーに金を脅し取られた事例です。

強面の2人組がやってきて「この店で買ったCDを車のプレーヤーに差し込んだら機

買ったCDでプレイヤーが壊れた!!　金を出せ
レンタル
お金
申し訳ありません…
……?
気をつけろ!!
お金
…って、レシートは?

械が壊れた。10万円出せ」と凄みました。頭が真っ白になってしまった店長は、断ったら何をされるかわからないと思い、本社に相談することも考えず、銀行へ行って自分の口座から引き出した10万円を渡してしまったのです。

このケースでは　相手の壊れたプレーヤーを確認しておらず、車を持っているのかもわからず、レシートすら確認していませんでした。いきなり飛び込んできた相手の言いなりになって脅し取られてしまったのです。この店舗は売り場面積が広いにも関わらず、スタッフ数が少なかったので、狙いやすかったのでしょう。

店長として、あまりにもお粗末な対応ですが、いきなり強面の2人組に脅されたらパニックになるのは無理もないでしょう。しかし、結果はありえない失態です。恐怖のあまり、事実を確認せず助けを求めることもせず、10万円を渡してしまったことは、防ぐことができなかったのでしょうか。

クレーム対応の基本、特に悪質クレーマーへの対応策について、接客現場において徹底しておくことで防げた話だと思います。

ブティックのケース

渋谷の代官山に、小さくてかわいい看板犬がいるブティックで、「あっ、犬に噛まれた！」と大きな声が響いたのです。

びっくりしてスタッフが飛んでいくと、犬の近くで男が自分の足を押さえていました。

「おい、この犬が噛んで俺のズボンを破いたんだ。このズボンはイタリアのデザイナー

犬に噛まれてズボンが
破れた!! 金出せ
お金
?
ズボンはカミソリで切った
ような傷に見えたけど…
…
そうい
えば…

に作らせて30万円もしたんだ。今すぐ弁償しろ」と捲し立てられて動揺してしまいました。さらに、「これから飛行機に乗らなければならないので時間がないんだ」と畳みかけてきます。その女性スタッフには持ち合わせがなかったので、レジからお金を出して渡してしまったのです。男が帰った後、別のスタッフの話では、「ズボンの傷はカミソリで切ったようなもので、犬が噛んで破いたようには見えなかった」と言います。怖い

のが先に立ってしまい、肝心なズボンの傷を確認していなかったのです。

「○○の被害を受けたから弁償しろ」という要求に対しては、必ず被害の状況を確認して、こちらに賠償責任があるのかを見極めなければなりません。

責任を取るとしても、どの程度なのか判断しなければなりません。自分で判断できない場合は、上司に報告して指示を仰ぐことが必要です。

これは、若い女性スタッフだけしかいないことを確認したうえで行ったケースです。大声を張り上げて脅し文句を並べ、パニック状態にさせて金を要求する悪質クレーマーの常套手段です。脅しておいて、これから飛行機に乗るから時間がないと言って、さらに慌てさせる巧妙な手口なのです。大声や脅し文句で、怖い思いをしてどうしたら良いのかわからなくなってしまった時は、本社や上の人に連絡を取って指示を仰ぐか、警察に通報することです。

今回の件のように、相手が時間がないと言って対応を急がせてくる場合、一緒になって慌ててしまっては相手の思うツボです。とにかく冷静に構えて対応することが肝心です。

●玩具製造業のケース●

都内で、昔から色々な玩具を企画製造してきた小規模の会社のケースです。

高齢の社長が悪質クレーマーへの対応を誤って、度重なる被害にあってしまいました。

「お宅でぬいぐるみを買って、かわいい孫にプレゼントしようと箱から出したところ、針が刺さっていたんだ。かわいい孫が怪我をするところだったよ。どうしてくれるんだ」と言われて、持ってきた針をチラッと見せられました。社長は、製造ラインで使っている針に似ているような気がしたので、謝って〇〇円を渡して一件落着したとのことでした。よく聞いてみると、チラッと見たら使っている針に似ていたとのことだけで、確認になっていないのです。

しばらくして、またその男がやってきました。今度は、「ブリキの電車を買ってかわいい孫にプレゼントしようとしたら、電車のかどがとがってめくれてるだろ。大事な孫が怪我をするところだった。どうしてくれるんだ」と言ってきました。前回もお金を渡しているので、つい今回も渡してしまいました。

ところが、これで終わりではなかったのです。別の男が、同じような口実でやって来ました。この時は、さすがに警察に通報して被害がなくて済みました。

これでわかったのは、この別の男は、前に来た男と繋がりがあったのです。つまり、運悪く悪質クレーマーのネットワークに狙われてしまったのです。ターゲットを定めて、計画的かつ常習的に仕掛けてくるグループが存在します。ネットワークはどこにでも存在するのです。

社長の大きなミスは、初期対応にあります。男が持ってきた針をチラッと見ただけで、自社の製造ラインで使っている針だと勝手に思い込んでお金を渡してしまったことです。これが悪質クレームのリピートに繋がったのです。

クレーム対応の基本は、事実を確認することから始まります。この時点でしっかり確認すれば、違う針だということが判明して、撃退することができたはずです。

●評判のラーメン店のケース●

〝店の前にタクシーが複数台止まっている飲食店はうまい〟と昔から言われています。ドライバーの口込みで多くの人が集まってくるのです。

店主が作るラーメンがうまいと行列ができる評判の店があります。

昼の混雑が過ぎてお客様が少なくなった時間に、50代のお客様が大声を張り上げました。居合わせたお客様はびっくりして注目しています。「おい、この店では、ゴキブリをトッピングしているのか」と言うのです。

急いで、店主がテーブルに行ってみると、確かに器の中にゴキブリらしいものが入っていました。この店は虫の駆除には気を使っていて、運ぶときにも目視しているので考えにくいことでした。とりあえず、店主は「申し訳ございません。今、すぐ新しいものをお作りいたします」と言うと、「俺はこの店の評判を聞いて、わざわざタクシーで2万円もかけてやってきたんだ。どうしてくれるんだ」と言うのです。

このケースでは、自分が作って運んだので虫が入っていたなどありえないことです。さらにタクシー代2万円という法外な要求が、全くもって怪しい限りです。片道2万円かけてくるとは通常ありえない話であるとともに、帰らなければならないので往復4万円かかるという意味です。4万円出せと言う設定でやってきた典型的な悪質クレーマーです。

出さなければいけないのでしょうか。そうではありません。水掛け論になりますので百歩譲って、「新しく作りましたので、どうぞ召し上がってください」と提供すれば、それ以上の要求に応じる必要はないのです。このクレーマーの狙いは、往復のタクシー代ですが、この事例は、実際にタクシーに乗ってきたとも思えません。

それでもごねるようであれば、「どうぞ被害届を出してください」と言うか、警察に通報しますとはっきり伝えましょう。被害届は交番か警察に出すわけで、悪質な言い掛かりをつけている者が被害届など出せるわけがありません。執拗なクレームで困った時にはとても便利な言葉です。

「被害届」の一言で、悪質クレーマーを撃退している企業はたくさんあります。

和菓子店のケース

東京郊外で、2代目である40代の女性が経営している小さな和菓子店があります。四季の風物詩といえるきれいな和菓子を創作して人気のあるお店です。

夏の夕方、そろそろお店を仕舞おうかと思っていたところへ、男が入ってきました。「菓子に変なものが入っていた。どうしてくれるんだ」と押し殺した声で話し始めました。「誠に申し訳ございませんでした。そのお菓子をお持ちになられましたか」と聞くと「そんなもの、気持ちが悪いので捨てたよ」と現物を持っていません。そこで、レシートを見せてくださいというと、「俺はレシートなんか取っておかないんだよ」と言います。

現物もなければ、レシートもないのです。当店で菓子を買ったという事実すら確認できません。買ったかどうかわからないのに返金だとか、代わりの品を提供するなどありえないことです。そのうえ、「どうしてくれるんだ」と言われても対応のしようがありません。「品物もレシートもないと対応のしようがないのですが」と言うと、「じゃあSNSに載せてもいいんだな」と脅してきます。結局、相手の威圧に負けて3千円を脅し取られてしまいました。

全く理不尽な要求ですが、悪質クレーマーだとわかっていても、怖いので早く帰ってほしい気持ちが優先して為す術がなかったのです。

こんな事例が多数あり、対応するお店はたまったものではありません。

菓子メーカー約160社でつくる日本菓子BB協会は、「不良品として菓子の交換を求められても、現物が示されなければ応じない」ことを申し合わせたという新聞記事がありました。スーパーやコンビニで売られる菓子は、数百円ほどと単価が安いため、現物がなくても返金に応じるケースが多くありました。しかし、中小メーカーから「業界のルールを決めてもらいたい」との要望があったのです。

また、競争の激しいスーパー業界では、クレーマーから「あの店は対応してくれた」などと詰め寄られるケースが多く、こちらについてもルールができれば対応をしやすくなるでしょう。

このような取決めを含め、他の業界でもクレーム対策を早急に実施していただきたいと切望します。

●クルーズ船のケース●

クルーズ船での旅客数が世界で3千万人に達し、10年間で7割も増えました。この業界でも、悪質クレームの話は例外ではありません。

クルーズ会社の社長の嘆きです。航海が終わって下船したお客様が「期待していたのと違って、全然楽しくなかったから金を返せ」と言ってきました。提供したサービスを全て受けておいて今さら楽しくなかったと言われても、料金を返すわけにはいかないでしょう。大勢の他のお客様は「良い旅ができたよ」と満足をされているのですから、満足できなかったという1人のためにルールを変えて返金などできません。人によって感じ方の違いはあるでしょうが、その勢いに負けて返金をしたら特別扱いとなり、他のお客様に対して不公平になります。収拾のつかないことになり、経営に致命的な悪影響が出てしまいます。

クルーズがすべて終了してからの話であり、あまりにも身勝手な言い分です。これは最初から計画的であったことは疑いの余地がありません。悪質クレームなので毅然とした対応をしましょう。

タクシーのケース

タクシーの乗客が「傘がドアに挟まって壊れた。どうしてくれるんだ」または「パソコンが挟まった」と言って騒ぎ出す場合があります。

よく見ると、確かに傘やパソコンが壊れた状態です。しかし閉める前に、「ドアを閉めてよろしいですか」と2度も確認し、その時には待ってくれとは言っていませんでした。「傘は外国製のブランド物なので○○円したんだ。弁償しろ」と言って高額な損害賠償を求めています。パソコンは10万円単位なのでこちらも高額です。これは最初から壊れていたか、壊した状態で持ち込んで言い掛かりをつける手口であり、全国各地で起こっているため、タクシーのドライバーが頭を抱えているのです。

検証が不可能に近く、要求に負けてしまうこともあります。さらに悔しいのは、ブランド名が入っていたとはいえ、本物だったのかは定かではないということです。悪質クレームの典型例の一つです。ドア閉め時の確認をさらに徹底すれば良かったということでしょう。「ドアを閉めて大丈夫だよ」との一言をお客様から求めるしかありません。

お客様から理不尽な要求があった時は、車内で起きていることを会社に報告するなど、外部に危険な状態を通報することです。危険を感じた場合は、最寄りの警察署に車を着けることも身の安全を守る有効な手段でしょう。

2 悪質クレーマーの対処法

怖い事例ばかりでしたので、安心材料になることを並べてみましょう。

悪質クレーマーに脅されると、パニック状態になります。強面に凄まれて、言うとおりにしてしまうケースがとても多いのです。それこそ、相手の思うツボです。さらに調子に乗って要求をしてくるでしょう。ギブアップする前に、気を落ち着けて対処法の安心材料を探してみましょう。

落ち着いて対応するための、６つの安心材料をまとめました。

6つの安心材料

(1) 悪質クレーマーに殺されたという話は聞きません
(2) ＩＣレコーダーと防犯カメラを活用する
(3) 被害届の提出を勧める

(4) 不当な要求があったら110番しましょう
(5) 理不尽なクレーマーは〝弁護士〟という言葉が苦手です
(6) 知っておきたい刑法の知識

(1) 悪質クレーマーに殺されたという話は聞きません

悪質クレーマーに殺されたという話を、私は聞いたことがありません。

悪質クレーマーは、脅し文句を発することによって、こちらに強い恐怖心を与えて思考停止状態に追い込み、思いどおりに金銭をせしめようとします。周到に準備した、服装、表情や態度、大きな声、逆に低い声、脅し文句などの小道具を、こちらの反応に合わせて巧みに繰り出してきます。もしかしたら殺されるのでは、と思わせるようなセリフが出てくる場合もあります。

こちらがビビった様子を見せてしまうと、「この相手なら大丈夫」と確信して要求をしてきます。彼らの目的は、あくまでも金銭的なものなので、もしかしたら殺されるかもしれないと感じることがあっても、そうはならないので落ち着いて対応をしてください。

逆に、悪質クレーマーを殺してしまった牛丼店店長の話がありました。執拗な悪質クレームによって、極限状態に追い込まれた店長が相手を刺殺してしまったという事件です。追い詰められて思考が停止してしまったのでしょう。

理不尽な要求や脅迫をしてくる相手は、こちらを殺すつもりで来たのではないことをしっかりと覚えておくことが大事です。

(2)　ICレコーダーと防犯カメラを活用する

クレーマーは、自分の行動が表に出ることを嫌います。これは、第１章でも解説しました。

理不尽なクレームを受けて、これはカスタマー・ハラスメントか悪質クレーマーだなと思ったら、ＩＣレコーダーを活用します。「この話は重要な内容なので、録音をさせてください」と言ってレコーダーを取り出して相手に見せます。多くの場合、「録音なんかするな」と言って拒否しますが、「会社の決まりになっております。クレームはすべて記録を詳細に残して、改善に役立てる必要があります」と続けます。

ただし、会社の決まりという言い方は、理不尽なクレーマーにおいては効果的ですが、正当なクレームの場合には、あまり使わないようにしましょう。「会社の決まりです」という言い方は、一方的で上から目線な強い言い方であって、正当なクレームをシャットアウトしてしまうことになるからです。

理不尽なクレームの場合は、拒絶しなければいけないので、強い言葉をあえて使うことで「この会社には脅しが通用しないかもしれない」と思わせることが重要です。

対応する人によっては、「録音させてください」と言い出すことができない人もいますので、通告することなく、レコーダーをポケットに入れたままで録音のスイッチをONにしてください。最近のレコーダーは性能が良いので、ポケットに忍ばせても十分に録音が可能です。

後になって、法的な場に出した時、「隠して録音したのか。そんなのは無効だ」などと言われることがあります。ただし、カスタマー・ハラスメントや悪質クレーマーの場合は、通告することなく録音してもプライバシー権の侵害にはならず、裁判などの法的な場においても証拠として取り扱ってもらった事例があります。

さらに、心強い味方が防犯カメラです。

顔が映ってしまうので決定的な証拠になります。逃走した犯罪者を探す場合でも、街路や鉄道の駅などに設置してある防犯カメラを辿っていくと容疑者を特定することが可能になってきました。顔が映ってしまうと逃げ切ることができません。そこで、予め防犯カメラを設置することが必須条件になります。被害にあった後、決定的な証拠になることと、理不尽なセリフを言わせないための抑止力になります。店舗の数か所に設置する場合、カメラとダミーを併せて設置しても威圧効果はあります。

(3) 被害届の提出を勧める

いくら対応しても平行線で結論が見えない場合があります。ケースによって、「どうしてもご納得がいかないようでしたら、致し方ございませんので〝被害届〟をお出しになったらいかがですか」と振ってみましょう。

相手は自分の言動に無理があることがわかっているので、届けを出せません。

(4) 不当な要求があったら110番しましょう

悪質クレーマーに脅されて、どうしたら良いのか途方に暮れて、打つ手がなくなると思考が停止してしまいます。それを見て取った悪質クレーマーは、さらに強い要求をしてきます。

土下座の要求がそれです。土下座は究極の謝罪だなどと言う人がいますが、これは大きな間違いです。土下座は極めて暴力に近いものであって、屈辱的なことなのです。要求されても絶対にしてはいけません。要求に応じて土下座をすれば、クレーマーが帰ってくれると思うのは間違いです。ちょっと脅したら言いなりになったと思うと、さらに次の要求をしてきます。

このような不当な要求があったら、迷わず110番しましょう。

(5)　理不尽なクレーマーは〝弁護士〟という言葉が苦手です

理不尽な要求をするクレーマーは、警察という言葉（存在）が嫌いです。しかし、もう1つ嫌いな言葉があります。それは〝弁護士〟という言葉（存在）です。

執拗な脅しや嫌がらせを続けていたクレーマーを撃退する一言となります。こちらが何を言っても引き下がらない相手に対し、驚くほど有効なのが「私にはこれ以上の対応は出来ませんので、窓口を弁護士に切り替えさせていただきます」と言うことで、多くの場合、捨てゼリフを残して収束します。

電話で理不尽なことを言い続ける相手に対しても、「今、ここに顧問弁護士がおりますので代わります」と言うのです。弁護士が電話口に出ると、既に電話が

切れていて、以降、二度と掛かってこなかったケースが結構あります。その場に弁護士がいない場合、「今後、この対応は弁護士が担当させていただきます」と言うことも有効です。

弁護士は法律の専門家で百戦錬磨ですから、闘っても勝てる見込みなどないことをよく知っているのです。悪さをする連中にとって弁護士は、警察に次いで怖い存在なのでしょう。

(6) 知っておきたい刑法の知識

悪質クレーマーやカスタマー・ハラスメント対応で知っておきたいものに、次のような刑法の知識があります。

特に、悪質クレーマーは、この程度の刑法は知っているはずです。

なぜなら、悪質クレームを行うと、ここに挙げた6つのいずれかに抵触してしまう可能性があるからです。

◆威力業務妨害罪（刑法234条／3年以下の懲役／50万円以下の罰金）

強い勢いをもって相手の意思を制圧し、相手の業務を妨害

例：大声を出して騒ぐ、カウンターを叩く、爆破予告、犯罪予告など

◆偽計業務妨害罪（刑法233条／3年以下の懲役／50万円以下の罰金）

虚偽の風説を流し、信用を毀損し、業務を妨害するもの

例：作り話をばら撒く、他人名義で大量発注、宿泊予約して無断キャンセル

◆脅迫罪（刑法222条／2年以下の懲役／30万円以下の罰金）

生命、身体、自由、名誉、財産に対し害を加えることを告知して脅す

例：死ね、殺す、痛い目に合わせるぞ

◆不退去罪（刑法130条／3年以下の懲役／10万円以下の罰金）

要求を受けたにもかかわらず、人の住居・建造物等から退去しない

＊お引き取りくださいの一言が必要

◆恐喝罪（刑法249条／10年以下の懲役）

暴力や脅迫により、人に畏怖を感じさせ金銭や財物を脅し取ること

例：カツアゲ

◆強要罪（刑法223条／3年以下の懲役）

権利の行使を妨害し、義務なきことを強要すること

例：土下座、○○しないと○○するぞ

恐喝罪と強要罪には罰金がありません。罪が重いというわけです。

「こちらも刑法の知識はあります」とチラつかせることで、大きな抑止力になります。多少の刑法知識があれば脅し文句にも慌てることなく、自信を持って対応ができます。

理不尽なクレーム対応で大切なことは、まずこちらが相手の勢いや脅し文句に動揺することなく落ち着いて対応することです。

（ただし、カスタマー・ハラスメントは刑法の知識に関しては詳しくないので、言いた

い放題言ってきます。だから、厄介なのです）

不退去罪は、帰ってほしい相手に、その旨を伝えないと成立しないので、必ず「業務に支障が出ておりますので、お引き取りください」と言ってください。警察に通報するのはその後になります。

強要罪は、こちらの意に反した屈辱的な要求であり、極めて暴力に近いものです。ですから、きっぱりと断らなければなりません。断らずに土下座等をしてしまうと、次の要求が出てきます。クレーマーは、自分が言ったセリフにこちらがどういう反応をしたかを見て、次の展開を考えるのです。なので、理不尽な要求には絶対に応じませんよと明確に意思表示をすることが不可欠です。

コラム❺
「社長を出せ」

「社長を出せ」というセリフは、クレームでよく出てくるセリフです。

いきなり「社長を出せ」、あるいは対応の途中で「社長を出せ」と言ってくることがあります。

私は社会人1年生のころ、「社長を出せと言っている人がいます」と社長に言って怒られたことがあります。どこの誰かわからない人物が、なんの目的で来たのかもわからないまま、社長がいちいち対応していたら、トップの仕事がストップしてしまいます。

社長を出せと言われたら、「私がここの責任者として任されております。私が承りますので、私に話してください」と、遮断することが大事です。

クレーム対応は、社長の仕事ではありません。

大声を出されたからとか、偉そうな人だからという理由で社長が対応していたら、逆に特別扱いになってしまいます。クレームやトラブルは現場を預かっている者が自信と責任を持って対応に当たるべきなのです。

第6章

さまざまな業界でのクレーム事情

1 クレームの種類は、業界によって異なる

ここで、各業界でのクレーム事例を紹介します。

(1) 家電量販店の事例

家電製品やパソコンで有名な秋葉原電気街の量販店に「シェーバーが動かなくなったから、直してくれ」と60代の男がやってきました。

スタッフが「修理できるか、メーカーに確認してみます」と言うと、「俺は急いでいるんだから、今、ここで直せ」「ここではできません」「俺は急いでいるんだ」との応酬が延々と続いて相手は激昂してきます。やり取りは1時間を大きく超えて、1人のスタッフの仕事に支障が出てしまいました。

このケースでは、ここは販売店であって、修理ができないことをクレーマーは知っているはずです。無理を承知でごり押ししているのでしょう。

落ち着いてルールを説明して、「できること」「できないこと」をはっきり伝えること

が最大のポイントになります。

(2) トラック運送業者の事例

大型トラック10台を保有する、ある運送業の社長の悲鳴です。

建設用の鋼材を運んで現場に着くと、到着の様子を見ていた現場責任者からクレームがつきました。「積み荷がズレた状態で走ってきた。事故が起きたらどうするつもりなんだ」と言われ、結局全ての車両の出入りが禁止されてしまいました。

1台のトラックが起こした不注意から、会社の危機管理の不備を問われ、保有するトラックすべてが出入り禁止になるということは、事実上の取引停止といえます。運送会社にとっては大きな痛手になります。

しかし、走行中に鋼材を落としてしまったら大変な事故に繋がることは、十分に考えられます。安全対策が最優先されます。もし死亡事故が発生していたら、補償のことや信用問題で致命傷になっていたかもしれないでしょう。

厳しいクレームのようですが、重大な事故の未然防止になったと考えるのが妥当でしょう。

(3) 自転車販売店の事例

自転車販売店では、実は様々なクレームが発生しています。

地域住民から「面倒見が良い」と評判の自転車販売店にやってきた50代の男からのクレームです。

「購入して、3年間乗った自転車の塗装が剥げてきたので、フレームを無料で交換しろ」と言ってきました。「3年間乗れば、当然経年変化が起きますよね」といくら説明しても納得しません。買った直後に、なんの衝撃も与えていないのに突然、勝手に剥げたならば話は別ですが、3年経てば剥げるのは致し方のないことです。既に歴とした中古になっているわけですから、無料で交換しろなどありえない話なのです。

ちなみに、国税庁の耐用年数表によれば、自転車の耐用年数は2年です。

過去1年間で私に寄せられた相談で、「商品を無料交換しろ」というクレームを多数受けましたが、なぜか3年間使用したものの話ばかりで、〝謎の3年〟になっています。

別のクレームでは、１年以上使用している自転車で「乗っていたら、サドルが突然下がってしまい、衝撃で脳震盪を起こした。どうしてくれるんだ」というクレームがありました。普段乗っている自分の自転車に関しての点検義務があるはずですが、それを履行しないでクレームとはいかがなものでしょうか。買ったばかりの自転車でサドルが落ちたのならば、組立て・整備の問題かもしれませんが、１年以上使用していて落ちたのであれば、使用上の問題と言わざるをえないでしょう。

さらに別のクレームです。

自転車に乗って来店したお客様がリヤバスケットを自身で選んで購入し、取付けをして帰りました。すると、１週間後にやってきて、「私のカバンが入らない

ので、別のバスケットと無料で交換しろ」と言ってきました。有料になりますと言うと、「カバンが入るサイズを勧めなかったお前が悪い」と言って引きません。購入時に、カバンを持ってこなかったことと、自身で選んで買ったのだから、こちらの責任の問題ではありません。

このように自転車販売店でも、理不尽極まるいろいろなクレームが頻繁に起きているのです。「できること」「できないこと」をはっきり伝えながら、淡々と対応するのが良いでしょう。

(4) 商工会駐車スペースの事例

これは、ある県の商工会で発生したクレームです。

「お前のところで、祭りを開催しただろう」から始まったクレームがあります。トラックで食品を配送中に、祭りの神輿が通るため迂回をお願いしますとの看板がありました。従ったところ、客先への到着が遅れて怒られた挙句に、会社をクビになってしまったというのです。「あれから1年間、仕事に就けないいんだよ。生活費の補償をしろ」

という極めて理不尽なクレームです。

まず解せないのが、1か所配達が遅れただけで、会社がドライバーをクビにするだろうかということです。もしクビになったとしたら、それだけのことが原因ではなく、それはきっかけであり、他に大きな理由があるのではないだろうかと考えてしまいます。

次に解せないのが、1年間、職探しをしたが見つからなかったから責任を取れ、生活費を補償しろというのも理屈が通らない話です。1年間職探しをして見つからなかったのは、自分の問題であって、他に補償を求める性質の話ではありません。

説明してもごり押ししてくる場合は、これこそ「被害届を出してください」と言うほかはありません。

(5) ランジェリー製造・販売店の事例

ランジェリーを製造・販売している会社の女性が相談にやってきました。

話の内容は、かなり使い古したとみられるランジェリーを持った女性が会社に来て「3年間使ってみたけど、やっぱり合わないので交換して」というものでした。しかし、

3年間使用すれば当然経年変化もするし、3年間よくもったねという話です。まして、3年間使用したものを交換してくれとはいかがなものでしょうか。同様のクレームが数年来、増加傾向にあると困惑されていました。

自転車の事例でも触れましたが、3年間使用した商品は、普通に考えて立派な中古品です。支払った金額は、とっくの昔に償却していると言えます。

一般的に、ランジェリーの買い替え時期は、およそ1年と言われています。

(6) ジュエリーの事例

ジュエリーは高価なことと、嗜好品でもあって、思い入れが強い商品の代表格です。大切にしていたものにトラブルが発生すると、感情的になって販売店に責任を求める傾向があるようです。

チェーンが切れたとか、宝石が落ちて紛失してしまったというクレームは、少なくないようです。宝石といっても高価なダイヤモンドであれば、原因や責任について落ち着いて考えられないのも理解はできます。ただし、取扱いがどうだったとか、保管状況のことは度外視されている気がします。

　男性がシャツの袖口に着けるカフリンクスも、上着の着脱時に引っかけて破損することもあり、クレームとなることがあります。母の形見のダイヤモンドを鑑定してもらったら、価値の低い品だったので、販売店を探してクレームをつけたなど、当時どういう状況で購入したのかがわからず、手こずったという話もあります。

　ジュエリーに関するクレームは、他の商品と比べて、感情が絡む度合いが強く、理不尽な話が多いようです。

2 コロナショックでもカスタマー・ハラスメントが起きている

２０２０年4月、「新型コロナウイルス」拡大防止のための緊急事態宣言が出されました。未知のウイルスによる疫病がパンデミックを起こしたのです。このような不安のなか、カスタマー・ハラスメントが至る所で急増しています。

発生現場の多くは、ドラッグストアやスーパーマーケットなどです。生活必需品であり、ウイルスの感染防御に不可欠のマスク、除菌剤（消毒液）、ゴム手袋、さらにはトイレットペーパーの売り場では、いきなり怒鳴りだすお客様が増えているようです。「商品の在庫がない、入荷の見通しが立たない」との情報から一気に不安が高まり、カスタマー・ハラスメントが発生しているのです。

お客様の不満は、次の要因によるものです。

① なんで取り扱ってないんだ。

②　なんで在庫がないんだ（いつ、入るんだ）。
③　1点限りってどういうことだ。
④　商品を隠して、小刻みに出しているんだろう。
⑤　入店するのに、マスク着用なんて必要なのか。
⑥　2メーター間隔で店の外に並ばせるな。

自分の思うようにならないことが、増加していることによるものです。

これからどうなるのかが見えない不安と、自粛要請による鬱憤のはけ口がカスタマー・ハラスメントになっているのでしょう。

特定の商品に殺到するのは、オイルショック時と同じ光景です。ただし今回は、コロナ騒ぎが大きくなる前に、特定の商品が買い集められたことで市場に混乱が起き、ドラッグストアなどに長蛇の列ができました。開店前の朝5時から並んだけど「前の人で、売り切れてしまった」と言う話もありました。

これは、インフォデミックの結果です。

インフォデミックとは、インフォメーション（情報）とエピデミック（感染症の流行）の合成語です。ウエブ上・ソーシャルメディア上で流されたデマ・フェイクニュースによって、多くの人が感染症の流行に怯える状況になりました。そこでパニックになり、供給に全く心配のない商品まで買い求めることで、正常な流通に混乱を来たしてしまったのです。

「マスクとトイレットペーパーは、同じ素材だから足りなくなる」というのは、フェイクニュースを見極める冷静さが欠落した一例です。落ち着いて考えれば、ありえない話です。まして、並んでまで買おうとしたのに手に入れられなかったことで、張り詰めたものが一気に怒りの形で噴出してしまいました。

カスタマー・ハラスメントは、自分の思いや欲求が満たされないときに発生して、満足のいくまで続けられます。今回のコロナショックのように、多くの人々が初めて経験する事態で、まして生命に係わる事態では、冷静さを失っても仕方がないのかもしれません。

しかし、反社会的な行動になるようなカスタマー・ハラスメントは防がなければなりません。企業側・店側、そしてお客様の側も、ともに冷静な対応が求められる事態です。

コラム❻

「リコールを躊躇すると、損害が大きい」

リコールとは、製品に欠陥があり、使用あるいは保管することに危険がある場合、生産者が監督する官庁に届け出て、速やかに消費者に告知して当該全商品を無料で回収し、修理・交換などを行うものです。

現状を見ると、クレームが発生しても、その都度個別に対応して修理を行ってしのいでいるケースが、よく見受けられます。

リコールは、多くの費用が掛かり、企業のイメージダウンになるのですが、躊躇すると、かえって大きなダメージになります。事故によって尊い命が失われる場合もあり、最初に事故が発生した時点で、速やかに告知をしてリコールを行っていれば、事故を防ぐことができたケースもあります。事故が多発した場合の責任は、極めて大きくなります。

被害を速やかに収束させることと、自社の損失を最小限に留めるために、リコールの必要性を迅速に判断して、必要な手続きを取らなければなりません。

第 7 章

再発防止・未然防止が企業を守る

1 同じクレームを発生させないこと

これまで、クレーム対応について述べてきました。しかしクレーム対応は、その事案が収束して終わりではありません。同じクレームが起きないように、再発防止策が必要です。

クレーム対応とは、特に正当なクレームの場合、お客様の不満や怒りを拝聴して、ご理解とご納得をいただくための謝罪と説明をして、製品の返品や交換をするなどのあらゆる行為です。しかし、現場でのクレーム対応が終わって一件落着としてしまうことにより、同じようなクレームが後を絶たないのです。クレームが繰り返されると、社員・スタッフが疲弊し、さらには企業のイメージダウンが起こります。経営に直結することなので、ストップを掛けなければなりません。

それには、同じクレームを再び発生させないための再発防止策が必須です。

また同時に、未然防止策の検討が必要となります。起きてからでは、経営資源のロスをゼロに抑えるわけにはいきません。このままではクレームが発生してしまうかもしれないと気付いたら、未然防止策を講じることが不可欠です。

再発防止策と未然防止策に、どのようなものがあるか見ていきましょう。

一度生じたクレームに対し、反省と改善が行われなければ、クレームはいつまでも繰り返し発生します。どうしてクレームが発生したのか、今後、何をどう改善すれば良いのかが検討されていない現状には、ショックを受けます。社員と企業のリスクに対する意識改革を図ることが求められるのです。

クレームのお客様に納得していただいても、発生原因の究明と迅速な改善が行われなければ問題解決とは言えません。１件のクレームの後ろに数十件のクレームが隠れていると言われています。サイレントクレーマーの存在が９５％という数字からもわかります。発生の原因が改善されなければ、後ろに隠れている数十件がいつ表面化するかわかりません。

よく経営者から耳にするのが、「この手のクレームは、この業界には付き物なんですよ」あるいは「うちの会社には昔からあるんですよ」という言葉です。

これは、発生を繰り返しているクレームに対し、全く手を打っていないことの証です。手を打たなければ、ダメージが蓄積していくというリスク意識が欠如しています。今回のクレームの原因は何だったのか、対応の仕方はこれで良かったのか、これからどうすれば良いのかを早急に検討して改善に取り掛からなければなりません。

必死で対応して得たノウハウの蓄積を活かすことによって再発防止、未然防止ができ、状況が改善されます。

2 再発防止策を図る

(1) 情報の共有

発生したクレームを今後の対応・改善に繋げるためには、直接関係する一部の社員だけではなく、全社的に情報共有することが必要です。全社に情報発信することによって、リスクに対する問題意識と改善意欲が芽生え、改善策のアイデアや意見を集めることも可能になります。全社がクレームに対する共通の危機感を持つ良い機会になるのです。

全社とは、言うまでもなくトップを含めたすべての部署のことです。発生したクレームを経営トップが知らないというケースが多いのですが、これは会社にとって大きな損失です。

なぜ経営トップが知らないのかというと、関係者が保身のために報告義務を怠っているからです。隠蔽体質が生まれることに繋がります。豊富な知識と経験、決定権を持つトップに報告すれば、「この件はこう対応しなさい」と解決策が示されて、対応者のストレス軽減に繋がった例がいくらでもあります。

情報共有には、仕組づくりが必要です。

(2)「クレームカード」の作成を義務化する

1つのクレーム対応が済んだら、必ず所定のカードに起承転結の全てを記入して、全社で情報共有を行います。つまり「クレームカード」の作成です。クレームカードの効用には、次のものがあります。

① 報告書として活用する
② クレーム発生の張本人には始末書の意味合い
③ 対応方法の改善策に活用する
④ 再発防止に貢献できる

クレームカードを作成・設置したことで、クレームの発生数を大きく抑えることができた事例は数多く見られます。これは社員の危機意識が高まったことの証に他なりません。クレームカードと言われていますが、名称はなんでも良く、クレームカルテ、クレーム発生記録、クレーム報告カードとも言われます。

記入する主な必要項目は、次のものです。対応結果だけではなく、そのプロセスも具体的に記入すると良いでしょう。是非、設置をお勧めします。

クレームカードの記入必要項目

- 受付年月日、時間
- 受理方法（電話・来社・その他）
- クレーム発信者
- 具体的内容
- 発生の原因
- 対応の詳細
- 対応の結果
- 再発防止策
- 今後の課題

3 未然防止策を図る

クレーム対応は重要ですが、起きないに越したことはありません。そのためには、未然防止策の徹底が求められます。

前述の再発防止策は、既に発生したクレーム事例を基にして、どういう対応が良かったのか、どんな対応がまずかったのかなど、正しい対応の仕方を見つけることができます。しかし、未然防止策は、前例がないので雲をつかむような話になりますが、発生したら必ずダメージを受けるので、なんとか未然に食い止めなければなりません。

クレームを発生させないためのヒントは、実は自社の内外にあります。

(1) まずは社内の点検

社内各部署間で相互に定期的に業務点検して、随時、問題点をピックアップします。

今まで気づかなかった不備・不都合などの問題点が見つかります。それぞれの部署では、なかなか見つけにくいのですが、他部署から見ることによって問題点が見えてくるのです。

別の部署から見るということは、別の角度からの第三者の目になり、同じ環境のなかで仕事をしている人間には気づかないものが見えてきます。

放っておくとクレームになりかねないことを発見したら、すぐに手を打つことで未然防止ができます。会社のダメージを未然に防ぐために、随時行うことが必要です。

(2)　社外に目を向ける

まず、ポイントを決めて、同業他社が行っていることをリサーチするのです。

どういう商品を作って、どういうPRをして、どういう販売をしているのか、接客の仕方も含めて観察することで、未然防止のために見習うべきことが明確になってきます。

異業種にも参考になるヒントはたくさんあります。

リサーチの項目は、次のとおりです。

■リサーチの項目■

①新商品・新サービス等の開発
②広告の媒体・内容
③ディスプレイの仕方
④季節商品の切り替え時期
⑤イベントの開き方
⑥接客の仕方

(3) ミステリーショッパーを活用する

覆面調査のことです。

数年前ですが、大手立ち食い蕎麦屋さんのミステリーショッパー活用の実態をテレビで特集していました。驚いたのは、覆面調査に年間700万円をかけているということです。300円前後の単価の低い商品を扱っている会社が、これだけのお金をかけてい

るわけです。

高級すし店でも、数店舗の調査で200万円を支払うなど、多くの企業が力を入れています。私に覆面調査の依頼がありましたが、誠に残念ながら、謹んでご辞退を申し上げました。恥ずかしながら、私は高級すし店に行った記憶がありませんでしたので。

この目的は、プロの眼力を通して問題点や改善点を発見することで、クレームを未然に防止することだけでなく、商品開発に役立てることです。

プロに調査を依頼するとコストがかかるのは当然ですが、以下のメリットがあります。

① 社員が行うことで、問題点が見えにくくなり指摘が甘くなることを避ける

② 社員自身の業務時間が削られなくて済む

③ 第三者というお客様目線で見ることができる

どうしてもコストを削りたい場合は、アルバイトを使うことでも代替が可能です。プロとの眼力の差はありますが、第三者の目が必要なのです。カレーショップの経営者が、学生や主婦にアルバイトを依頼してお客様として食事に来てもらい、そのレポートを出してもらう方法をとっていました。全く気付いていなかったことを指摘されて改善に結びつけ、クレームの未然防止と集客の向上に直結しているのです。

たとえばレポートには、以下のチェック項目などを用意すると良いでしょう。

① 看板・照明・店内の清潔さ

② 挨拶や注文の受け方などの接客態度

③ 会計の仕方とお見送り

希望するチェック項目をあらかじめ指定することと、それ以外のことで気づいたことを記入してもらうのです。アルバイトであっても、第三者の目でチェックしてもらうことには大きな価値があります。

サイレントクレーマーからは不満や気づきを教えてもらえないので、商品開発もサービス向上もできません。ミステリーショッパーを有効に活用することで、見逃していた問題点の指摘を受け、経営改善に繋げることができるのです。

(4) お客様の声を集める

今では、どこへ行っても目にすることがあるものに〝お客様の声〟という紙とペンが置いてあるコーナーがあります。

お客様や立ち寄られた方に、〝気付いたことがあったら、なんでもお聞かせください〟というものです。お客様が不自由を感じたり、こうしてほしいという希望を聞くことができます。以前は、商品販売店で多く置かれていたのですが、今は、空港・駅・ホテル・医療機関・介護施設・役所など、業種を問わず活用されています。

実際に、お客様の声が返ってくる数は決して多くはないのですが、内容を見ると、こちらが気づいていなかったことをご指摘いただいています。「貴重なご意見を賜り、ありがとうございます」と言うべき内容です。

アンケートの戻りが多くないことについて、顧客満足を実現できていると考えるか、書いていただく顧客が少ないと見るかは悩ましいところですが、ただ置くだけでスルーされないように、用紙の置き方を目立つように工夫すること、手渡しあるいはメールや郵送などの形で働きかけると良いでしょう。

〝お客様の声〟のご指摘のお陰で、クレームを未然に防ぐことができるほか、事故防止に繋がる事例はいくらでもあります。外部の〝第三者の目〟が絶対に欠かせません。

(5) 警告ポスターを掲示する

数年前から、医療機関では壁に警告ポスターが掲示されているのを目にするようになりました。迷惑行為防止のためのものです。

「暴言・暴力・悪質クレームは絶対に許しません」というタイトルです。

当院では警察と連携して患者さんや職員への暴言・暴力・悪質クレームなどの迷惑行為を発見した場合、速やかに警察に通報します。
医療現場の環境を守るため、皆様のご理解とご協力をお願いします。

○○病院

というような内容で、都内の数か所で目にしているのですが、過日、東北へ出張した際にも、大手の病院関係者から「うちも貼っています」という話を聞きました。

おそらく、全国の医療機関で多く実施しているのでしょう。

「暴言・暴力・悪質クレーム」という3つの言葉は、まさに、カスタマー・ハラスメントや悪質クレームで困っていることを物語っており、このようなことが医療現場でも起きていることは、悲しい限りです。

このポスターを目にして、はっと我に返る人もいるはずです。迷惑行為に及ぼうとしていた時に、このポスターを目にすることで思い止まらせる抑止力になることを願っています。

警告を発して、迷惑行為を抑止することが重要です。

4 「クレーム対応マニュアル」の作成

クレームを全くゼロにすることは、至難の業です。

商品やサービスを提供する側にミスがあり、不幸にしてクレームになってしまった場合、お客様の満足を得るためには、要求を正確に理解して、誠意をもって迅速に対応することが求められます。今後、同じクレームを再発させないことも求められます。

対応者によって対応の仕方が異なると、お客様が混乱してしまって信用を失い、新たなクレームの材料になってしまいます。大切なのは、クレーム対応の基本を全社で体系化しなければならないことです。会社として対応するわけですから、個人差があってはならないのです。

そこで、必要となるのが「クレーム対応マニュアル」です。

クレーム対応マニュアルを備えて、すべての社員が理解・実践することが必要です。発生したクレームに対して、適切な対応をすることで、顧客満足が実現できれば、ピンチをチャンスに変えることができます。

企業は、クレーム対応マニュアルの作成によって、対応者がクレーム対応の基本を身につけ、クレームを恐れることなく自信をもって臨めるように支援をしなければなりません。作成に当たって大切なことは、細かく規定しすぎないことがポイントです。

すべての項目で対応の仕方を詳細に規定してしまうと、ロボットが対応しているかのようになってしまうからです。様々なクレームに対して、臨機応変の対応ができなくなってしまいます。それによって、お客様の感情を害してしまう恐れもあるのです。

店舗の接客で「えっ、なんでそんなことを聞く必要が？」と驚くことがあります。あれは、マニュアルに忠実に喋っているので、相手の状況など一切考えていないからです。

クレーム対応マニュアルは、箇条書きで示すとわかりやすく、ケースバイケースで適切な対応が可能になります。十人十色のクレームなので、マニュアルで基本を習得することは必須条件なのですが、そこからは、どれだけ応用した対応ができるかが結果を大きく左右します。

(1) クレーム対応マニュアルの作成方法

まず、マニュアル対応の目的を示します。

① 顧客満足の実現
② 企業のダメージの最小化
③ 再発防止

などを目的として作成します。

次に、場面の設定をします。

① 対面でのクレーム対応
② 電話でのクレーム対応
③ メール・文書でのクレーム対応

次に、対応の基本を箇条書き（会話化）します。順番は異なっても構いません。

①　責任者を決める
②　自己紹介して、気分を害したことへのお詫び
③　真摯に傾聴する
④　共感を示す（相づちなど）
⑤　事実を確認して、責任の有無と程度を確定する
⑥　逃げたり、言い訳をしない
⑦　否定をしない
⑧　できること、できないことをはっきりと伝える
⑨　苦し紛れの応えをしない
⑩　特別扱いをしない（過剰対応）
⑪　ホスピタリティを忘れない
⑫　個室での対応は複数人で行う

⑬　待たせない
⑭　ご指摘いただいたことへの感謝を伝える
⑮　周知徹底する
⑯　追加事項（イレギュラー対応など）

なお作成において、以下のポイントに気をつけるとよいでしょう。

① 発生した実際のクレーム事例を基に、適切な対応を示す
② 対応のスキルを高めて、個人差が出ないようにする
③ クレーム対応を嫌なことと思わず、実行できるように意識改革をする

(2) ロールプレイングでアドリブ力を強化

クレームには、定型がありません。人は十人十色・百人百色であり、同じクレームで

も指摘や抗議の仕方・目的が千差万別なので、対応は神経をすり減らす真剣勝負になります。

まず、クレーム対応マニュアルで対応の基本を身につけることが欠かせません。しかしマニュアルは、あくまでも対応の基本形をまとめたものなので、実際の場面ですべてに対応できるわけではありません。マニュアルで覚えたから大丈夫ということではなく、実際のクレームは、ケースバイケースで臨機応変の対応ができなければならないのです。

このような対応には、マニュアルで覚えた基本形と併せてロールプレイングで疑似体験を繰り返すことによって、成果を生かすことが必要になります。それがアドリブ力です。要は知識とアドリブ力の両方による状況に合わせた対応が求められます。

ロールプレイングの実施に当たっては、クレームのモデルケースを想定して、２人で交互にクレーマーと対応者を演じます。その都度、ネタを取り替えて、正当なクレームだけでなく、悪質クレーム、カスタマー・ハラスメントへの対応法をあらゆる形で練習するのです。そして、立会人をつけて、対応者の使う言葉・話し方・表情・仕草などを詳細に観察して、結果をありのままフィードバックしてアドバイスをもらいます。つまり、実施するだけで終わりにせず、〝第三者の目〟で評価してもらうことで精度を高めることができます。

社内の同僚や先輩・後輩で行うため、多少真剣みに欠けることがあったり、恥ずかしさが邪魔をすることもありますが、とにかく繰り返し練習することにより、実践経験を重ねた場合と同様のアドリブ力を身につけることが可能になります。

ロールプレイングの効果

① 実際の場面で自信を持って臨める
② 基本的な失敗がなくなる
③ アドリブ力が格段につく
④ クレーマーの理解・満足が得られる
⑤ リピーターになっていただける

ロールプレイングで身につけたことは、あらゆる場面に反映することができるので、

クレーム対応への苦手意識を解消することができます。

コラム❼

「泣き寝入りする人」

消費者のなかには、クレームを言うことが反社会的な行為に見られはしないかと思って、泣き寝入りしてしまう人が結構います。

鉄道模型を集めている30代の男性が、通信販売で届いた商品を箱から出したところ、商品が押されて変形した状態になっていました。発注先に電話をすると、配送業者にクレームを言ってくださいとのこと。それで配送業者に連絡すると、発注先に言ってくださいと全く埒があきません。

模型といってもかなり高額な商品なので、冷静に考えれば業者の協会や監督官庁などに訴えたり、法的な措置をとるなどなんらかの方法があるのです。しかし、クレームを言うのは悪質な行為と思い、お金を無駄にしても言うのはやめようと考えてしまったようです。

そして、新たにお金を払って別の業者から購入したという大変残念な話があったのですが、同様のことが結構あります。

正当なクレームを発するのは、あくまでも消費者の権利ですから行使すべきであり、クレームを受けた企業は、状況を確認して、誠実に対応すべきなのです。

鉄道模型の事例は、発注先も配送業者も責任回避をして、なすり付け合いをしています。このような場合でも対抗する方法は、いくらでもあります。

正当なクレームであれば、泣き寝入りをする必要はありません。

おわりに

これまでは「お客様は神様です」と教えられてきたのですが、神様ではないケースが増えてきたようです。神様といっても「疫病神」もいますので、しっかりと見極める必要があるということでしょうか。

最近は、お客様が突然理不尽な要求を突き付けてくるカスタマー・ハラスメントがクレームの主流になりました。言動の内容は、悪質クレームと区別ができないほど過激なものです。正当なクレーム、悪質クレーム、カスタマー・ハラスメントと3タイプを見極めて対応しなければなりません。

なぜ、このような時代になったのでしょうか。

厳しい競争の時代を生きていくうえでの社会人のストレスの蓄積、欧米化による自己主張の気風の浸透など様々な要因が考えられます。また、企業間競争で生き残るための過剰なサービスレベルの向上もあります。一度サービスのレベルを向上すると、これに慣れたお客様は、他の店・他のサービスにも同様のレベルを求めるため、そうでなかった場合にストレスとなりカスタマー・ハラスメントが発生するのです。

また、本書執筆中のさなか、２０２０年４月「新型コロナウイルス」拡大防止のための緊急事態宣言が出されました。未知のウイルスによる疫病が、世界にパンデミックを起こしたのです。多くの人々が初めて経験する状況下において、不安・ストレスが高まり、さらにカスタマー・ハラスメントが急増しています。

このような傾向は、一層エスカレートしていくものと思われます。ストレスを感じて発生するカスタマー・ハラスメントに対し、受ける人がさらにストレスを感じるという悪循環が生じています。

お客様のクレームに対し、適切な対応を行うことで、クレームを言う人、クレームを受ける人、双方のストレスが少しでも緩和・解消できるよう、本書を書きました。

本書を読まれた方が、業務に従事するうえで適切なクレーム対応、再発防止、さらには未然防止の一助になれば幸いです。今後のご活躍を心より祈念しております。

なお、本書を刊行のきっかけをいただき、多大なご指導・ご支援を賜りました経法ビジネス出版代表取締役の松原達也様、経済法令研究会の野村聡様には心より厚く御礼を申し上げます。

2020年4月

山田　泰造

山田泰造（やまだ たいぞう）
人財教育アシスト代表　クレームアドバイザー。
日本大学経済学部産業経営学科卒、研究は産業心理学。企業人研修機関で23年間、指導教官を経て、多くの業界で人財育成・クレーム対応に携わる。全国の経済団体・官公庁・企業・医療機関・金融機関・大学などでクレーム対応研修・セミナーなど約1,300回実施。東京商工会議所でクレーム対応セミナーを中心に約130回講演。
人財教育アシスト・ホームページ　http://www.jinzai-kyoiku.com/

経法ビジネス新書　021

カスタマー・ハラスメント対応術
お客様は神様じゃない

2020年７月30日初版第１刷発行

著　者	山田泰造
発行者	志茂満仁
発行所	株式会社 経済法令研究会 〒162-8421　東京都新宿区市谷本村町３-21 Tel　03-3267-4811 https://www.khk.co.jp/
企画・制作	経法ビジネス出版株式会社 Tel　03-3267-4897
カバーデザイン	株式会社 キュービスト
帯デザイン	佐藤　修
印刷所	日本ハイコム株式会社
製本所	株式会社ブックアート

乱丁・落丁はお取替えいたします。

ISBN978-4-7668-4820-5 C0234

経法ビジネス新書刊行にあたって

経済法令研究会は、主に金融機関に必要とされる業務知識に関する、書籍・雑誌の発刊、通信講座の開発および研修会ならびに銀行業務検定試験の全国一斉実施等を通じて、金融機関行職員の方々の業務知識向上に資するためのお手伝いをしてまいりました。

ところがその間、若者の活字離れが喧伝される中、ゆとり世代からさとり世代と称されるにいたり、価値観の多様化の名のもとに思考が停滞しているかの様相を呈する時代となりました。そこで、文字文化の息吹を絶やさないためにも、考える力を身につけて明日の夢につながる知恵を紡いでいくことが、出版人としての当社の使命と考え、経済法令研究会創業55周年を数えたのを機に、経法ビジネス新書を創刊することといたしました。読者のみなさまとともに考える道を歩んでまいりたいと存じます。

２０１４年９月

経法ビジネス出版株式会社